Dr. 아톰과 함께하는

주제 맞춤
탐구보고서 쓰기

Dr. 아톰과 함께하는
주제 맞춤 탐구보고서 쓰기

1판 3쇄 발행 2025년 5월 15일
1판 1쇄 발행 2024년 11월 1일

지은이 박규상
발행인 조상현
마케팅 조정빈   **편집인** 정지현   **디자인** 페이퍼컷 장상호

발행처 더디퍼런스
등록번호 제2018-000177호
주소 경기도 고양시 덕양구 큰골길 33-170(오금동)
문의 02-712-7927   **팩스** 02-6974-1237
이메일 thedibooks@naver.com   **홈페이지** www.thedifference.co.kr

ISBN 979-11-6125-515-6 43370

더디퍼런스 출판사는 다른 시선으로 세상을 담는 책을 만듭니다.

Dr. 아톰과
함께하는

주제 맞춤 탐구보고서 쓰기

박규상 지음

더디퍼런스

들어가기

"닥터 아톰님, 제주도에 있는 고등학교 교사입니다. 블로그를 보니 탐구보고서 쓰기 관련해서 강의와 멘토링을 해 주시는 것 같은데 저희 학교에 와서 학생들과 교사들에게 강의를 해 주실 수 있는지요?"

평일은 물론 주말까지 탐구보고서 강의와 멘토링으로 빼곡한 일정을 소화하고 있던 어느 날 전화가 왔다. 아톰의 블로그를 보고 선생님들이 탐구보고서 지도를 어떻게 하면 좋을지, 학생들은 또 어떻게 생각하고 쓰면 좋을지 강의를 꼭 듣고 싶다는 전화였다. 하루는 학생 대상, 하루는 교사 대상의 1박 2일 강의를 요청했다. 정말 죄송하게도 일정이 허락하질 않았고, 계속되는 강의와 멘토링으로 제주까지 다녀올 만큼의 체력도 남아 있지 않아 정중히 거절할 수밖에 없었다.

전화를 끊고 나서 죄송한 마음과 함께 문득 이런 생각이 들었다. 아톰이 만나러 가지 못하는 학생들과 선생님들에게 책을 통해 탐구보고서 작성법을 알려 주면 좋겠다고.

이 책은 탐구활동의 결과물인 탐구보고서를 쓰는 학생들은 물론, 학생들을 지도해야 하는 선생님도 어렵게만 생각하는 탐구활동과 탐구보고서에 대해 기본부터 차근차근 이해해 나가면서 쉽게 풀어 갈 수 있도록 도와주기 위해 준비한 책이다.

이 책에는 지난 몇 년 동안 수많은 선생님과 3천 명이 넘는 학생들을 만나 강의하고 멘토링하면서 꼭 전달하고 싶었던 내용만을 담았다. 학생들이 얼굴을 찡그리며 어려워하는 부분은 가능하면 쉽게 풀어서, 그리고 눈을 동그랗게 뜨며 재미있어 했던 내용은 잘 살려 담으려 노력했다. 선생님들과 나누었던 많은 대화도 참고를 해서 학교에서 학생들 지도에 어떤 점을 좀 더 신경 써야 할지, 지도를 위해서는 선생님들이 먼저 어떤 내용을 숙지하고 이해해 두어야 하는지도 담으려고 노력했다.

이 책이 주제 선정부터 대입 면접 대응까지 좋은 평가를 받을 수 있는 탐구활동과 탐구보고서로 고민하고 힘겨워하는 학생들과 지도에 어려움을 겪고 있는 선생님들에게 실질적인 도움이 되길 바라는 마음이다.

Dr. 아톰 박규상

3 주제 다듬기
─과학적 사고법 ②

4 주제에 맞는 조사 방법
─과학적 조사법

'진로 맞춤 창의연구', '진로 기반 주제탐구 프로젝트', '자율주제 탐구활동' 등 명칭은 각각 다르지만 많은 고등학교에서 학생들이 연구나 탐구활동을 하고 보고서를 쓰는 프로그램을 운영하고 있다. 이 보고서를 흔히 '탐구보고서'라고 부른다. 탐구보고서 프로그램은 학교 차원에서 별도로 운영하기도 하고, 교과 과목별로 운영하기도 하는데 프로그램 도입을 고려하는 학교가 조금씩 증가하고 있다.

그런데 선생님에게도 학생에게도 낯선 프로그램이다 보니 어느 정도 수준의 결과물을 만들어 내야 할지, 또 프로그램은 어떻게 운영해야 할지 고민이 많다. 그럼 좋은 평가를 받을 수 있는 탐구보고서를 쓰려면 어떻게 해야 하는 걸까?

일단 적을 알고 나를 알면 백전백승이니 어떻게 하면 탐구보고서를 잘 쓸 수 있을까를 이야기하기 전에 다른 학교 학생들, 다시 말하면 대학 입시의 경쟁자들은 과연 어떤 탐구보고서를 쓰고 있는지 살짝 살펴보도록 하자. 그래야 어떤 주제의, 어떤 수준의, 어떤 방법의 탐구보고서를 써야 좋은 평가를 받을 수 있을지 어느 정도 감이 잡힐 테니까.

'플라시보 효과에 대해서'는 어떨까?

아톰의 강의를 듣고 탐구계획서에 주제와 조사 방법 등을 써서 제출하고 점검받는 1차 멘토링 시간. 남학생 두 명인 한 팀이 제출한 탐구계획서의 제목은 '플로시보 효과에 대해서'였다.

플라시보 효과(placebo effect)란 간단히 말해 '실질적으로 생리학적 영향이 없는 위약(가짜약)을 복용했는데도 불구하고 좋은 효과가 있으리라는 믿음으로 생리학적 변화가 일어나는 현상'인데, 왜 이런 주제로 탐구하고 싶어졌는지를 우선 알아야 하니 물어보았다.

"며칠 전 책을 읽다 보니 조금 재미있을 것 같아서 골랐어요."

"그럼 플라시보 효과의 어떤 내용을 탐구보고서에 담을 생각이죠?"

"음… 그러니까 플라시보 효과가 어떤 것이고, 어떤 원리에서 그런 게 생기고, 뭐 그런 거를 조사해서 쓰면 될 것 같아요."

"아, 그럼 '플라시보 효과의 정의와 사례의 조사 연구'라는 제목의 탐구보고서를 쓰려는 거군요."

아톰이 이렇게 말해 주자 학생들은 밝은 표정을 지으며 고개를 끄덕인다.

자, 어떨까? 이 학생들의 바람처럼 이 주제로 쓴다면 입시에서 좋은 평가를 받을 수 있는 탐구보고서를 쓸 수 있는 걸까? 아마도 학생들은 다음의 방법으로 탐구계획서를 쓰지 않을까 싶었다.

1. 인터넷 검색 중심으로

위키피디아나 나무위키 그리고 그 밖의 사이트 등 인터넷을 검색해 적당한 내용을 복사해 잘 옮겨 와서 3~4쪽의 탐구보고서 작성하기. 몇 시간이면 끝날 작업이라 힘도 들지 않고 정말 좋은 방법이 아닐까? 역시 탐구보고서도 요령 있게 쓰면 된다.

2. 인터넷+책 중심으로

'복사+붙이기'만 하려니 살짝 마음에 걸린다. 그래서 성실하게 공부했다는 티는 내야 할 듯해 몇 권의 책을 도서관에 신청해서 읽은 다음, 인터넷에서 찾은 내용을 덧붙여 5~6쪽 정도로 분량을 늘려 써 본다. ①과 제목은 '플라시보 효과의 정의와 사례 연구'로 동일하지만 왠지 그럴듯한 탐구보고서가 만들어질 듯해 뿌듯하다.

3. 설문조사로 바꿔서

"그냥 있는 내용 베껴다 쓰는 게 무슨 탐구보고서냐! 네가 스스로 뭔가를 계획하고 땀 흘려서 답을 찾아가려는 모습이 전혀 없잖아!"란 선생님 잔소리가 들리는 듯해 설문조사를 하기로 한다. 친구들이 플라시보 효과를 알고 있는지, 경험한 적은 있는지 등을 묻고 조사 결과를 정리해서 보고서를 작성하기로 한다. 설문 문항을 만들려면 공부도 해야 하고, 직접 구글폼으로 설문도 해 보고, 그래프나 표로 결과도 제시해야 하니 정말 좋은 탐구보고서가 될 듯하다. 제목은 '청소년의 플라시보 효과에 대한 인식과 태도 조사'.

4. 선행 연구 실험으로

정의와 사례를 찾다 보니 플라시보 효과 실험이 자꾸 눈에 들어온다. 그래서 '이전 연구에서 했던 실험을 그대로 한번 해 보면 어떨까?'란 아이디어가 떠오른다. 찾아보니 시카고대학교 심리학과

에서 했던 실험이 있는데 그대로 따라 해 보면 좋을 것 같다. 탐구
보고서의 제목은 '선행 연구를 기반으로 한 플라시보 효과의 실험'
으로.

난 믿어!
그러니 나을 거야!

플라시보 효과를 알게 되었는데 이걸로 탐구보고서를 쓴다면?

① 인터넷에서 용어 검색을 해서 정리해서 쓴다.
② 용어 검색과 사례를 찾아서 정리해서 쓴다.
③ 친구들에게 알고 있는지를 설문조사해서 쓴다.
④ 실험을 계획해서 실행하고 결과를 담아 쓴다.

과연 그것이 최선일까?

그럼 학생들이 도전해 보려는 ①에서 ④까지의 방식이 정말 좋
은 탐구보고서가 될지 평가해 보자.

①과 ②는 머리가 고생하는 탐구보고서가 아니라 손이 고생하는
탐구보고서일 뿐이다. 적당한 정보를 찾는 노력만 하면 되는데, 요
즘 세상에 그 정도의 정보 찾기는 식은 죽 먹기. 요즘 대학에서도

학생들은 어떤 탐구보고서를 쓰고 있는 걸까?

과제를 내면 학생들이 인터넷만 검색하거나 챗GPT를 이용해 아주아주 쉽게 결과물을 제출해서 교수님들의 골치가 아프다고 하는데, 이런 상황에서 학교생활기록부(이후 '생기부'로 줄여서 표현)에 기재된 활동 제목을 보고 대학의 입학사정관은 '흠, 이 학생도 똑같군….'이라는 생각을 하지 않을까? 이래서는 좋은 평가를 기대하기 힘들다.

③은 어떨까? 그래도 설문조사를 했으니 노력은 많이 한 편이라 대학에서 원하는 학자의 자질도 있어 보이지만 문제는 주제. '플라시보 효과'가 고등학생이라면 모두가 알아야 하는 개념인가? 이걸 모르면 대학에 진학해서 문제가 되나? 모두가 알아야 하는 내용도 아닌데 왜 이걸 고등학생 대상으로 설문조사를 해야 하는 걸까? 다시 말해 탐구의 의의와 가치가 있는가의 문제이다.

탐구활동에는 가치와 의의가 필요하다. 단순한 호기심에서 접근하는 것도 좋지만, 그 호기심에 다른 사람도 관심을 가질 만큼의 의의가 있어야 한다. '플라시보 효과를 고등학생 78.3%가 모르고 있다.'는 사실을 밝혀냈다고 해서 어떤 의의가 있을까?

④는 꽤 괜찮아 보인다. 일단 선배 학자들이 한 실험을 따라 해

보면서 진학하고자 하는 학과와의 연관성을 드러내 보인 것이니까. 그런데 과연 이렇게 그대로 실험을 따라 해 보는 것은 어떤 의미가 있는 걸까? 보기에 따라서는 선행 연구를 따라 하면서 학자의 길을 걸은 것처럼 보이니 좋은 평가를 기대할 수도 있겠지만, 모든 걸 그대로 따라 해 본다는 행위에는 학생이 어떤 관점으로 세상을 보는지, 어떤 독창적인 생각을 하는지, 그리고 어떤 것을 탐구활동에서 기대하고 있는지를 파악하기 어렵다. 이미 증명된 이론이나 원리의 실험을 다시 해 보면서 실험 절차와 방법을 배우고 싶은 마음은 이해되지만, 결국 선행 연구와 같은 결과를 얻을 수밖에 없으니 대학 입학사정관은 "무슨 의미로 이걸 다시 해 본 건지?"라는 의구심을 가질 수 있다. 만에 하나 따라 해 보았는데 결과가 다르게 나왔다면 실험을 제대로 하지 못했다는 뜻이니 잘못하면 탐구보고서 평가에서 불리할 수도 있고.

두 학생에게 ①, ②, ③, ④의 풀이에 대해 말해 주고 물었다.

"솔직하게 ①에서 ④ 중에서 어떤 식으로 쓰려고 했어요?"

학생들이 멋쩍은 표정으로 ②번이라고 답하면서, 아톰의 설명을 들어 보니 별로 좋은 주제는 아니었다는 걸 알았다고 한다. 다행이다.

"그럼 혹시 다른 주제를 생각해 본 것은 없을까요?"

둘이서 의논했던 후보 주제가 하나 더 있다고 한다.

"친구들이 시험 기간이 되면 고카페인 음료를 많이 마시곤 해요. 몸에 좋진 않겠지만 효과가 있다면서요. 저희도 몇 번 마신 적 있고요. 그래서 왜 다들 고카페인 음료를 마시는지, 언제 마시는지, 얼마나 마시는지, 이런 걸 조사해 보면 어떨까요?"

아마도 '고카페인 음료의 음용 실태와 인식에 대한 조사'라는 탐구활동을 생각하는 모양이다. 주제 자체가 나쁘진 않다. 탐구의 목적을 물어보니 조사 결과의 데이터를 바탕으로 고카페인 음료에 너무 의존하지 않도록, 그리고 너무 많이 마시지 않도록 친구들에게 이야기해 주고 싶다고 한다. 그런데 아톰은 "좋아, 이 주제로 해봅시다."라고 선뜻 입이 떨어지지 않는다. 왜일까?

이 주제는 사실 몇 년 전부터 학생들이 탐구활동에서 많이 다루었던 주제이다. 당시에는 한참 청소년의 고카페인 음료 과다 섭취가 사회 이슈가 되어 식품의약품안전처를 비롯한 보건당국이 우려를 표명하며 과다 섭취 예방 캠페인을 벌인 적도 있고, 아톰이 멘토링하면서도 상당수의 학생들이 이 주제를 들고 와서 함께 검토했던 기억도 있었다.

"학생들이 말한 주제가 적절하지 않은 것은 아니지만, 흔히들 생각하는 주제이기도 해요. 좀 더 높은 평가를 받으려면 두 사람만의 이야기나 관점이 담긴 주제라면 좋겠는데."

"말씀하신 걸 듣다 보니 생각난 건데, 아까 옆 친구가 '플라시보 효과'를 말했잖아요. 사실 저도 시험 전에 고카페인 음료를 마시기는 하는데 카페인이 실제 영향을 미쳤다는 느낌보다는, 뭐랄까 그냥 '고카페인 음료를 마셨으니 공부가 잘 되겠지….' 정도의 기분이 들었거든요."

오호, 이거야말로 정말 좋은 아이디어!

학생들의 말을 정리하면 고카페인 음료에는 각성을 유발하는 생리적 효과가 있을 수 있지만, '혹시 친구들이 고카페인 음료를 마셨으니 잠도 안 오고 정신이 맑아질 거라는 믿음 때문에 생리적 효과가 있다고 생각하는 건 아닐까?'를 알아보고 싶다는 것.

그렇다면 이게 바로 고카페인 음료의 플라시보 효과!

좋은 평가를 받는 탐구활동과 탐구보고서

이 팀은 '고카페인 음료의 플라시보 효과'를 주제로 탐구활동을 하고 탐구보고서를 썼다. 그럼 뭔가 복잡하고 어려운 실험을 했을

학생들은 어떤 탐구보고서를 쓰고 있는 걸까?

까? 아니, 아주 간단한 실험만 했을 뿐이다.

우선 각 7명씩 4개의 그룹을 만든다. 고카페인 음료의 기준이 카페인 15% 함량이니 이를 참고해서 0%, 15%, 30%, 45% 카페인 함량의 4개 그룹이다. 각 그룹 피험자에게 각기 다른 카페인 함량의 음료를 마시도록 할 계획이지만, 사실 모든 피험자에게 제공되는 건 카페인이 전혀 들어 있지 않은 같은 물일뿐. 다만 함량이 각기 다른 카페인이 들었다고 말해 줄 것이다.

15% 그룹의 피험자들이 교실에 들어오면 물이 든 컵을 건네면서 "카페인은 잠을 쫓고 머리를 맑게 하는 각성 효과가 있어서 집중력을 높여 줍니다. 이 음료에는 15%의 카페인이 함유되어 있습니다. 이걸 마시고 나서 책을 읽어 주세요. 책을 읽고 난 후 책 내용에 대한 감상을 물어볼 예정입니다."라고 말한 뒤 《이기적 유전자》 같은 비문학 도서를 20분간 읽도록 한다. 30%와 45%의 그룹은 카페인 함량만 다르게 말해 주면 된다. 0% 그룹은 대조군으로 "이 음료를 마시고 나서 책을 읽어 주세요. 책을 읽고 난 후 책 내용에 대한 감상을 물어볼 예정입니다."라고 안내한다.

20분간의 독서가 끝난 후 각 그룹 학생들에게 15문항 75점 만점으로 구성된 '학습 집중력' 설문조사를 실시한 후 각 그룹의 학습 집중력 평균 점수를 비교해 보면 되는데, 결과는 다음과 같았다.

카페인 함량 그룹별 학습 집중력 조사 결과

카페인 함량	0%	15%	30%	45%
학습 집중력 평균	52.6	65.3	64.1	58.2

실험 결과만 보면 카페인이 0%인 그룹에 비해 15~45%인 3개의 그룹 모두 학습 집중력이 높은 것으로 나타났다. 모든 피험자는 카페인이 들어 있지 않은 물을 마셨으니 이 결과를 보면 고카페인 음료를 마시는 데에는 플라시보 효과가 영향을 미치고 있음을 알 수 있다.

그런데 의도했던 것과 다른 결과도 나왔다. 처음에는 카페인 함량이 높을수록 플라시보 효과도 크게 나타나지 않을까 생각했는데, 조사 결과 의외로 15% 그룹에서 가장 높은 학습 집중력을 보였다. (혹시 이 책을 읽고 있는 분 중 학위 논문 등에 사용되는 가설의 통계 검증을 하지는 않았으니 "효과가 있다고 말하는 건 안 된다!"라고 하는 선생님이나 부모님이 계실지도 모르는데, 고등학교 탐구보고서에 통계 검증까지 요구하는 것은 무리. 이렇게 실험하고 결과를 제시하는 것만으로도 충분하다.)

실험 결과를 잘 정리해서 〈고카페인 음료의 섭취가 청소년 학습 집중력에 미치는 플라시보 효과 실험조사: 함량별 효과 차이를 포함해서)라는 탐구보고서가 완성되었다. 이 상태로도 물론 꽤 괜찮은 탐구보고서이지만 한 발만 더 나아가 보자. '왜 이런 결과가 나왔는가'를 풀어 보는 해석이 덧붙여진다면 10점 만점에 10점짜리 탐구보고서가 될 수 있으니까.

실험 전에 학생들은 '고카페인 음료의 플라시보 효과가 있을 것이다(가설 1).'라고 기대했고, 여기에 '함량이 높을수록 효과는 클 것이다(가설 2).'라고 생각했다. 하지만 탐구 결과 가설 1은 맞았다고 볼 수 있지만, 15% 그룹의 학습 집중력이 45% 그룹보다 높았으니 가설 2는 맞지 않았다. 왜 이런 결과가 나왔을까? 이걸 어떻게 해석해야 할까?

이 해석을 위해 그룹별로 피험자들을 한 명씩 뽑아 인터뷰를 진행했다. 4명에게 조사 결과를 말해 주고 왜 이런 결과가 나왔는지, 그리고 실험하면서 느낀 점이나 생각한 것을 말해 달라 했는데, 45% 그룹 피험자였던 학생이 이런 대답을 했다.

"친구가 실험한다니 도와주고 싶어 참여는 했는데 카페인이 45%나 들어 있는 음료를 마시라고 하니까 걱정이 되더라고. 혹시 이걸 마시면 카페인 중독이 되는 건 아닌가 하고. 책을 읽으면서도 조금 불안했어."

이 학생은 고맙게도 해석에 필요한 너무나 훌륭한 키워드로 '불안'이라는 단어를 알려 주었다. 불안은 학습 집중력을 저해하는 요소. 그러니 45%의 그룹에서는 카페인의 플라시보 효과가 분명히 존재하지만, 불안이라는 부정적 심리가 플라시보 효과를 다소 감소시킨 결과 15% 그룹보다는 낮은 학습 집중력을 보였다고 해석해 볼 수 있다.

학생들은 탐구보고서의 결론 및 논의에 위 해석을 담았고, 혹시 대입 면접에서 탐구활동 관련 질문이 나오면 이 해석을 반드시 이야기하기로 했다. ●

1

탐구보고서
제대로
이해하기

학생들이 사전에 제출한 탐구계획서를 보다가 자주 놀라곤 한다. 주제가 너무 터무니없거나, 의의가 없거나, 조사가 불가능하거나, 과장되어 있기 때문이다. 학생들이 어이없는 주제를 들고 오는 이유는 학생은 물론 지도하는 선생님도 탐구활동과 탐구보고서에 대해 많이들 오해하고 있기 때문이다. 이 오해로 인해 탐구보고서를 '적당히 탐색한 정보를 잘 모으고 모아서 논리적으로 붙여 놓으면 되는 거 아닌가'라고 생각하는 경향이 있다.

그래서 우선 어떤 오해가 있고, 어떻게 오해를 풀어야 할지를 살펴보도록 하자. 오해를 이해로 바꿔야만 좋은 탐구보고서를 쓸 수 있으니 "주제를 어떻게 잡나 빨리 가르쳐 주세요."라고 보채지 말고 읽다 보면 탐구보고서의 정체도 드러날 것이다. 그럼 탐구보고서를 정확히 이해하기 위한 5가지 포인트를 하나씩 짚어 보자.

글쓰기가 아니라
활동이 중심이다

가장 문제가 되는 오해는 다양한 탐구활동/탐구보고서 프로그램을 '글쓰기' 프로그램으로 여기는 생각이다. 물론 탐구보고서가 탐구 프로젝트나 활동의 과정과 성과를 최종적으로 보고서 형태로 만든 것이니 글쓰기가 아니라고 할 수는 없다. 하지만 탐구보고서의 핵심은 '글을 쓰는 것'이 아니며, 하물며 좋은 평가를 받는 탐구보고서는 글쓰기와는 사실 큰 관련이 없다.

앞의 플라시보 효과 사례에서 학생들이 처음에는 인터넷과 책 정보만을 가지고 탐구보고서를 쓰려 했던 것도, 탐구활동은 무시하고 글쓰기인 탐구보고서만 작성하면 된다고 생각했기 때문이다.

탐구보고서는 '탐구활동'의 탐구 주제, 탐구 방법, 탐구 결과를 담는 그릇에 불과하다. 생기부에 기록되는 탐구활동의 평가는 '어떤 주제를 가지고 어떤 과정으로 탐구했고, 그래서 어떤 결과를 얻었나'를 보고 이루어진다. 탐구보고서의 목차가 어떻게 되었고, 어떤 스타일의 글쓰기를 했는지는 평가 대상이 아니다. 사실 탐구보고서는 거창하게 보고서 형식을 지닐 필요도 없다. 그냥 파워포인트 한 장으로 정리해도 되고, 사진 한 장으로 보여 줘도 좋다. 가장 중요한 것은 탐구활동의 주제, 방법, 결과이기 때문이다.

탐구활동 프로그램을 글쓰기로 생각하고 접근하게 되면 가장 공들여야 할 '어떤 주제를 어떻게 잡아야 할 것인가?'나 '이 주제를 어떤 방법으로 어떻게 조사해야 할 것인가?' 그리고 '조사 결과는 어떻게 예상되는가?'와 같은 주제, 과정, 결과에 대해 소홀해지고 만다. 어떻게 글을 쓸 것인가를 주제, 방법, 결과보다 먼저 생각하게 되면 좋은 평가를 받는 탐구보고서를 쓸 가능성은 없다고 해도 틀린 말은 아니다.

탐구활동/탐구보고서 프로그램을 글쓰기 프로그램으로 오해하기 때문에 학교에서도 프로그램 운영 담당을 국어과 선생님이 맡고 있는 경우가 많다. 실질적으로 국어과 선생님은 탐구 프로그램과는 다른 어느 과목 선생님보다 관련성이 적다. 학생의 주제가 사회 관련이라면 사회 과목, 화학 관련이라면 화학 과목 선생님이 활동을 이끌어 주어야 한다. 다시 말해 주제에 맞추어서 학생 또는 팀별로 담당 선생님이 정해지는 것이 바람직하다. 국어과 선생님이 프로그램에 참여하는 모든 학생을 지도하는 건 불가능하며 적절하지도 않다. 참여 학생은 자신의 주제에 맞는 선생님께 지도를 부탁드리고 조언을 받도록 하자.

높은 평가를 받는 탐구보고서를 작성하려면 '글쓰기'가 아니라 '활동'에 초점을 맞추어 생각해야 한다는 것을 이해하고, '탐구 주제, 탐구 방법, 탐구 결과'에 집중해야 한다. ●

이과도 문과도 핵심은
과학적 탐구활동이다

그럼 어떤 탐구활동이 좋은 평가를 받는 탐구보고서로 이어질까? 결론부터 말하자면 '과학'을 기반으로 하는 탐구활동이어야 한다.

"좋은 탐구보고서는 과학을 기반으로 하는 탐구활동의 결과물이어야 합니다."

아톰이 이렇게 말하면 학생도 선생님도 고개를 갸웃거린다. 탐구활동 프로그램 담당 교사가 국어과 선생님이라면 더욱 놀라는 표정을 짓고, 문과를 지망하는 학생들도 어이가 없는 얼굴이다. '과학이 싫어서 문과에 왔는데 지금 와서 무슨 소리냐'라는 듯. 그런데 바로 이 '과학을 기반으로 하는 탐구활동'을 이해하지 못하면 주제, 방법, 결과는 물론이고 글쓰기까지 엉망진창이 되어 버리니 확실히 이해하고 넘어가야 한다.

우선 알쏭달쏭한 표현인 '과학을 기반으로 하는 탐구활동'을 이해하는 지름길은, 우리에게 익숙한 '문과'와 '이과'라는 단어의 뜻이 무언지를 밝히는 것이다. 사람들에게 문과와 이과가 어떤 뜻인지 물어보면 재미있는 대답을 한다. "문과는 글로 배우는 학과 아닌가요?"라는 학생도 있는데, "그럼 이과는 글이 아니라 그림으로 배우는 학과를 말하나요?"라고 되물으면 멋쩍게 웃는다.

문과와 이과는 한자로 표기하면 文科(문과)와 理科(이과)가 된다. 이 한자는 일제강점기에 들어온 일본식 표현으로 뭔가의 줄임말이고, 줄이기 전의 단어는 바로 人文科學(인문과학)과 物理科學(물리과학)이다. 가운데 두 글자식만 남기고 줄이면 文科와 理科가 된다. 그런데 이 인문과학과 물리과학에는 공통점이 있다. 바로 둘 다 과학(科學)이라는 점이다.

인문과학은 '인간과 문화의 과학'으로 인간과 문화를 대상으로 하는 과학이란 뜻이다. 심리학은 인간을 대상으로 하니 당연히 대표적인 인문과학이다. 문화란 '자연이 아니라 인간이 만든 모든 것'이라 이해하면 된다. 역사는 인간이 걸어온 길이니 사학은 당연히 인문과학, 정부도 인간이 만든 것이니 행정학이나 정치외교학도 인문과학, 회사도 인간이 만든 것이니 경영학도 인문과학, 교육

시스템도 인간이 만든 것이니 교육학도 인문과학이다. 물론 체육, 미술, 음악, 문학도 모두 인간이 만든 것이니 인문과학에 속한다. 그럼 철학이 인문과학인 이유는? 바로 '인간이 만들어 낸 생각'이라서 그렇다. 문화에는 생각도 포함되기 때문이다.

물리과학은 '만물(萬物)의 이치(理致)의 과학'이란 뜻으로, '인간이나 문화가 아닌 자연을 대상으로 하는 과학'을 뜻한다. 한자 '物'은 '만물 물'이라고 읽는데, 이때 만물은 자연물을 뜻한다. 흔히들 '봄은 만물이 소생하는 계절'이라고 말하는데, 봄이 되면 꽃, 강, 나무, 돌 등의 자연물이 깨어난다는 의미이지 자동차, 집, 스마트폰처럼 인간이 만든 물건이 깨어난다는 의미가 아니다. 그래서 물리과학은 별, 바람, 공기, 흙, 돌, 나무, 물과 같은 자연을 연구하는 모든 학과가 속해 있다. 자연 상태에 존재하는 숫자를 인간이 발견해서 사용하니 수학도 물리과학이고, 작용과 반작용도 인간이 찾아낸 것일 뿐이니 역학을 공부하는 물리학도 자연과학이다. 그럼 의학은 왜 자연과학일까? 인간을 다루는 것이니 인문과학이어야 하지 않을까? 의학이 대상으로 하는 것은 인간이 만든 것이 아닌 자연적으로 만들어진 세포, 장기, 안구와 같은 것이기 때문에 물리과학에 속한다.

정리하자면 인문과학과 물리과학은 모두 과학이라는 공통점을 가지고 있다. 단지 과학의 대상이 다를 뿐이다. 시간이 지나면서 인문과학은 '인문사회과학'이라는 조금 긴 이름으로 바뀌었고, 물리과학도 자연물을 다루는 취지에 맞춰 '자연과학'으로 불리게 되었다.

그러니 학생들이 진학하고자 하는 대학의 학과는 크게 이 두 과학에서 벗어나지 않는다. 최근에는 자연과학에 속해 있던 컴퓨터공학과가 소프트웨어를 중시하면서 인간을 배워야 한다는 뜻으로 자연과학과 인문사회과학이 융합되는 '융합과학'으로 독립하기도 하고, 건축학과도 인간이 건축물을 통해 느끼는 아름다움이나 힐링을 다루는 건축 미학이 강조되면서 융합과학에 속하기도 하지만, 융합과학도 과학이라는 테두리에서 벗어날 수는 없다.

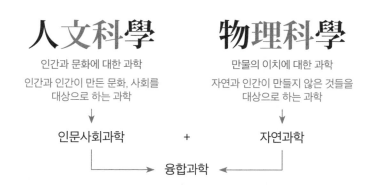

人文科學
인간과 문화에 대한 과학
인간과 인간이 만든 문화, 사회를
대상으로 하는 과학
↓
인문사회과학

物理科學
만물의 이치에 대한 과학
자연과 인간이 만들지 않은 것들을
대상으로 하는 과학
↓
자연과학

+

인문사회과학 ──→ 융합과학 ←── 자연과학

그런데 이렇게 '모든 학문은 과학'임에도 불구하고 인터넷 검색을 하면 지금도 '실험과 같이 검증된 방법으로 얻어 낸 자연계에 관한 체계적 지식'이라 나오고, 많은 사람이 과학은 자연과학에 한정되어 실험을 통해 지식을 얻는 영역이라고 오해하고 있기도 하다. 이렇게 과학은 자연과학에 해당한다고 믿고 있을 만큼 과학에 대한 오해는 뿌리가 깊다. 하지만 위에서 설명한 것처럼 알고자 하는 대상이 다를 뿐, 체계적 지식을 갖추려는 학문은 모두 과학이다. 그러니 대학에 진학하는 학생들은 모두 과학자의 새싹인 셈이다. 인문사회과학이든, 자연과학이든, 융합과학이든 과학을 하는 사람을 우리는 '과학자'라고 부른다. 대학의 입학사정관은 학생이 과학자로서의 소양과 자질을 지니고 있는가를 평가하기 위해 생기부에 기재된 탐구활동의 결과물인 탐구보고서를 궁금해 한다. 그러니 진학할 학과가 문과이냐 이과이냐는 중요하지 않다. **문과이든 이과이든 과학자로서의 소양과 능력을 보여 주는 탐구활동**이어야 좋은 평가를 받을 수 있다. ●

커다란 이슈가 아닌 작은 주제를 다룬다

과학자의 소양을 보여 주기 위한 탐구활동과 탐구보고서라고 하면 무엇이 과학자의 소양인지를 알아야 하는데, 그보다 앞서 도대체 과학이란 무엇인지 살펴볼 필요가 있다.

과학이 뭐냐고 정의를 물어보면 학생들은 "수학, 물리학, 천문학 같은 거요."라고 하는데, '자연과학＝과학'으로 오해하여 자연과학의 학과를 대답하는 것이다. 마치 음식이 뭐냐고 물었더니 "중식, 한식, 일식, 양식이요."라고 정의가 아닌 분류를 답하는 것과 마찬가지인 셈이다. 과학은 다양하게 정의할 수 있지만 우리는 탐구활동을 하고 탐구보고서를 써야 하니 이와 관련된 정의부터 살펴보자.

과학은 영어로 science인데 라틴어 동사 scire(알다)의 명사형 scientia(앎)가 어원이다. 모두 접두어 scio에서 유래된 것으로, scio는 '나누다' '구분하다'라는 뜻을 지녔다. 그러니까 앎이란 '무언가를 무언가로부터 나누는 것'을 의미하며, **과학은 구분을 통해 얻는 앎, 또는 그런 앎의 방식**을 말한다. 구분한다는 것은 커다란 덩어리에서 무언가의 작은 부분을 떼어 내는 것이다.

이번에는 과학의 한자 뜻을 풀어 보자. 한자 科學(과학)에서 '科(과목 과)'는 '禾(벼 화)'와 '斗(말 두)'가 결합한 형태이다. '말'은 예전에 곡식·가루·액체 등의 양을 측정할 때 부피를 재는 단위였는데, 지금이라면 18리터(L) 정도를 의미한다. 말보다 작은 단위로는 '되'가 있는데 말의 10분의 1의 분량이다. '되로 주고 말로 받는다.'란 속담이 있는데, 남에게 작은 손해를 끼치면 반대로 자신에게 열배나 큰 손해로 돌아오니 조심하라는 뜻이다. 결국 '科'는 큰 쌀 무더기에서 일정한 양만큼 덜어서 나누는 것, 즉 '구분하기'를 뜻하니 '구분하여 배움' 또는 '구분하여 앎'이라는 영어의 어원과 뜻이 같다고 할 수 있다.

바로 이 점이 중요하다. 과학은 나누는 것을 통해 앎을 획득하는 방식 또는 그 결과로 얻어진 앎을 말한다. 가장 중요한 것은 '나누다'라는 행위이다. 큰 것은 다루기 어렵지만 작게 나누면 다루기 쉬워진다. 한 사람의 과학자가 큰 것을 한꺼번에 알아보려고 하는 건 힘들지만, 작게 나누어서 알아보려고 하면 쉬워진다. 과학은 다루기 힘든 큰 것을 다루기 쉬운 작은 것으로 나누어 앎을 획득하는 방식이다.

흔히 만물의 근원이 '물'이라고 주장했던 그리스의 철학자 탈레스(Thales)를 과학의 시조라고 한다. 단지 만물이 물로 이루어져 있다는 것을 말했을 뿐인데도 과학의 시조가 되는 까닭은 과학적 사고의 출발이 '이것은 무엇으로 이루어져 있는가?', 즉 '이것을 잘게 나누고 자르면 무엇이 나오는가?'라는 '나누기의 사고'이기 때문이다. 탈레스 이후에 등장하는 물, 불, 공기, 흙이 만물의 요소라는 4원소론도 결국 나누기의 생각이다. 그 이후 과학은 분자, 원자, 전자, 미립자 등 나누는 것을 중심으로 발전해 가면서 세포를 발견하고, 유전자를 발견하면서 더 작게 작게 세상은 무엇으로 구성되어 있는지를 찾아내려 애썼다.

알고 싶은 대상인 자연물, 인간, 사회를 이렇게 작게 나누는 이유는 큰 덩어리 자체를 가지고는 탐구하기가 어렵기 때문이다. 한 사람의 과학자가 지닌 연구 능력은 자신이 충분히 다룰 수 있을 만큼 작게 나누어진 대상이어야 한다.

여기 전국의 맛집을 속속들이 알고 싶어 하는 과학자가 있다고 하자. 그럼 과학자는 어떻게 해야 할까? 우선 지역을 나누어 어떤 지역부터 알아 갈까 생각하고, 그 지역에서 우선 어떤 장르를 조사할까 고민할 것이다. 우선 서울시 용산구 한강로동에서 시작하기로 하고, 그중 가장 먼저 분식집만 살펴보는 식이다. 분식집을 다 파악했으면 한식, 다음에는 일식, 중식, 양식으로 장르를 넓혀 나간다. 한강로동이 끝나면 바로 옆에 있는 동을 조사하고, 점차 범위를 넓혀 전국의 맛집을 파악하는 계획을 세운다.

과학자는 자신이 파악할 수 있는, 그러니까 분석할 수 있는 단위로 대상을 나누고 나누어 아주 작게 만드는 것부터 연구를 시작한다. 그러고 나서 누군가 자신이 다루지 않은 영역을 분석했다면 그것을 가져다 붙이거나, 자신이 하지 않는 영역으로 넓히거나 해서 궁극적으로는 알고자 하는 대상 전체를 파악한다. 이것이 과학의 방식이다.

"과학자는 자신이 분석할 수 있도록 연구 대상을 작게 작게 나누어 연구하고, 차곡차곡 분석 결과를 모아서 최종적으로 대상 전체를 알아내려고 한다."

앞서 말했듯이 고등학생들은 과학자의 새싹이다. 그런데 학생들이 가져오는 탐구 주제를 보면 '국내 저출생 현상의 문제점과 해결 방안' '사회적 정의의 구현 방법에 대한 고찰' 같은 엄청나게 커다란 덩어리를 가져오는 경우가 많다. 저출생 문제에는 아주 많은 요인이 있기에 아무리 대학자라 해도 혼자서는 이 모든 것을 다룰 수 없고, 사회적 정의도 각 분야에서 일어나는 모든 현상을 다룰 수는 없다. 이렇게 커다란 주제를 생각하는 건 학생들이 과학이 무엇인지 아직 정확히 모르고, 알고자 하는 대상에 어떻게 접근해야 할지 모르기 때문이다.

저출생 문제의 요인 중 아주 작은 하나만, 사회적 정의 구현 방법 중 아주 작은 하나만 구체적으로 다루는 과학의 기본을 잊지 말아야 한다. 탐구 주제를 잡을 때는 커다란 것이 아닌, 어쩌면 너무 작아서 시시하게 보이는 주제를 잡아야 하는 이유이기도 하다. ●

논리는 기본, 객관과 근거가 필요하다

글쓰기가 아닌 탐구활동에 초점을 맞추고, 탐구하고자 하는 주제는 너무 크고 추상적인 것보다는 구체적으로 작아야 하고, 고등학생 수준에서도 파악할 수 있는 것이어야 한다는 점도 알았다면 이제 탐구보고서를 쓰는 단계를 생각해 보자.

학생들에게 탐구보고서는 어떤 글쓰기여야 하는지 물어보면 "논리적인 글쓰기요."라는 답을 가장 많이 듣는다. 과연 그럴까? 과학을 기반으로 하는 탐구활동을 정리하는 글이라면 과학적 글쓰기라고 할 수 있을 텐데, 과학적 글쓰기와 논리적 글쓰기는 같은 것일까?

우선 '논리'를 생각해 보자. 검색해 보면 다양한 정의가 나오지만 아주 쉬운 표현으로 하자면 '앞뒤가 맞는 흐름'이라 할 수 있다. 다음의 A와 B를 보자.

A: 오늘은 더울 거 같아서 반팔 옷을 입었습니다.
B: 오늘은 더울 거 같아서 긴팔 옷을 입었습니다.

A는 누가 봐도 논리적 표현이라고 말한다. 앞뒤가 맞기 때문이다. B는 앞뒤가 맞지 않으니 자연스레 논리적이지 않은 표현이다. 그런데 A가 앞뒤가 맞다고, 즉 논리적이라고 판단하는 건 우리가 그 상황을 분석했기 때문이다. '더우면 체온이 올라갈 것이고, 우리는 체온을 내리기 위해 피부 노출을 더 하게 될 것이고, 그 결과 반팔 옷을 입는다.'라고 머릿속으로 분석한다. 이런 분석은 논리를 이끄는 길잡이가 된다.

그럼 논리적 글쓰기만 하면 과학적 글쓰기가 되는 걸까? 이걸 풀어 보기 위해 탐구보고서처럼 평가를 위해 다른 사람에게 보여 주는 여러 글쓰기까지 포함해서 살펴보자.

일기는 다른 사람에게 보여 주기 위한 글이 아니니 여기에서 제외한다면, 아마 왼쪽에는 시, 소설 같은 문학적 글쓰기가 있을 테고, 오른쪽에는 석박사 논문 같은 학위 논문이 자리할 것이다. 목적도 다르고 글쓰기의 체제도 다르다. 무엇보다 다른 점은 감성적 표현의 글쓰기를 적용하는 점과 뒤에서 배울 과학적 표현법을 적용하는 글쓰기라는 점이 다르다.

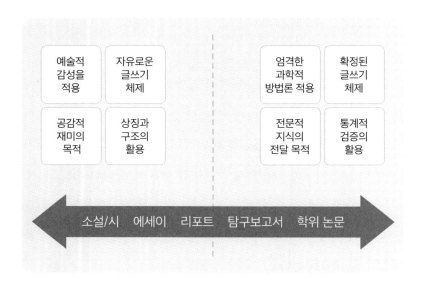

그런데 우리는 쉽게 학위 논문이 자리한 오른쪽으로 갈수록 논리적 글쓰기라 생각하고 소설이나 시는 이에 반대되는 감성적 글쓰기라고 생각하곤 하는데 정말 그럴까? 논리적 글쓰기와 거리가 있다고 생각되는 시 중에서 정일권 시인이 쓴 아주 짧은 두 줄의 시인 〈태안반도에서 들었다〉란 시를 사례로 논리적 글쓰기에 대해 생각해 보자.

소라 구멍에 귀를 가져다 대면 소라가 전하는 바다의 말

야이이이이이이이개새끼들아아아아아아아아아…

　욕설이 들어가 있는 시라서 거북할 수도 있지만, 가장 인상적인 시 중의 하나일 것이다. 이 시가 인상적인 이유는 앞뒤가 아주 잘 맞는 논리적인 표현이면서, 가장 짧고 가장 공감적인 글쓰기를 보여 주기 때문이다.

　2007년 태안반도에서는 국가적인 큰 사고가 발생했다. 국내에서 가장 심각한 해양오염 사고로 기록되고 있는 그 유명한 태안반도 기름 유출 사고이다. 정일권 시인은 이 일이 잠잠해지고 나서 태안반도 해변을 찾아가 죽어 텅 비어 있는 소라 껍질을 집어 들곤 귀에 대어 본다. 아마 기름 유출 사고가 없었다면 소라는 '먼 곳에서 들리는 어머니의 자장가'를 들려주거나, '어린 시절로 데려가는 파도 소리'를 들려주거나, '오늘도 힘들었지, 힘내~'란 말을 들려줬을 테지만, 인간 때문에 목숨을 잃은 소라가 과연 그런 말을 했을까? 시인은 상황을 분석한다. 가해자인 인간에게 피해자인 소라는 어떤 말을 하고 싶어 할까를 분석하고, 그 결과를 적절한 논리와 공감을 지닌 아주 짧은 글쓰기로 세상에 드러낸다. 사실 모든 시나 소설은 이런 논리와 공감의 창조 과정을 거쳐 만들어지는 산

물이다.

　특별히 의도적이거나 비정상적인 경우가 아니라면 우리가 일상적으로 말하고 쓰는 모든 말과 글은 자연스레 논리를 지닌다. 그렇지 않다면 상대방은 우리의 말과 글을 이해할 수 없을 것이다. 여름에 덥다고 하면서도 긴팔 옷 입는 사람을 이해하기 어려운 이유이다.

　그럼 시도 소설도 탐구보고서도 모두 논리적 글쓰기이니 탐구보고서 대신 시나 소설을 한 편 써내도 되는 걸까? 절대 아니다. 시와 탐구보고서는 논리적 글쓰기라는 점에서는 동일하지만, 차이점도 분명하다. 바로 '객관'과 '근거'가 존재하느냐 아니냐의 차이다.

　객관은 대부분 사람이 같은 행동이나 생각을 하는 상태를 말한다. 100명 중 80~90명 정도가 같은 생각을 한다면 그 생각을 우리는 '객관적 생각'이라고 말한다. 반대로 주관은 각자가 다른 행동이나 생각을 하는 상태를 뜻한다. 태안반도에 가서 소라 껍질에 귀 기울였다 해도 욕을 들은 사람이 대부분일 리가 없다. 아마 시인만 들을 수 있었던 주관적 체험의 특별한 목소리였을 것이다. 만일 모든 사람이 소라 껍질에서 욕을 듣는 객관적 경험을 했다면 "태안반도에서 욕하는 소라 발견"이라는 제목의 뉴스가 인터넷에서 화제를 모았을 것이다. 시는 주관적 체험을 논리적으로 표현하는 글쓰기이지만, 탐구보고서는 객관적인 사실을 담는 글이지 연구자만 알고 연구자만 느끼는 주관적 체험을 담는 글이 아니다.

근거는 어떨까? 근거에는 2가지 개념이 있다. 하나는 '어디에서 그런 생각과 글을 가져왔는가'라는 출처의 개념이고, 또 하나는 '그 출처가 믿을 수 있는 것인가'라는 신뢰의 개념이다. 그러니 '믿을 수 있는 곳에서 생각과 글을 가져왔는가'가 근거이다. 앞서 보았던 시 〈태안반도에서 들었다〉는 주관적 체험이니 출처는 시인의 마음속 느낌이다. 느낌은 주관적인 것이니 과학적 글쓰기의 출처가 될 수 없으며, 따라서 신뢰할 만한 것이 못 된다. 자신의 주관적 느낌을 다른 사람에게 믿게 하려면 소라의 욕을 녹음한 것이 있거나, 소라의 영혼이 나타났다는 보고서가 있어야 하는데 그런 건 존재하지 않는다.

학생이 무엇인가를 탐구하고 보고서로 정리했다면, 그 내용은 어떤 근거로 이야기하는지, 어떤 자료를 바탕으로 그런 결과에 도달했는지를 밝혀야 한다. 만일 탐구보고서가 근거를 가지지 못한다면 소설이나 감상문이 되고 만다. 시나 소설은 물론 감상문이나 독후감과 같이 느낌을 중시하는 글쓰기가 아무리 논리적 글쓰기라 해도 과학적 글쓰기가 될 수 없는 까닭은 객관과 근거가 갖추어지지 않았기 때문이다. ●

과학적 사고법, 조사법, 표현법을 평가받는다

그럼 탐구활동과 그 결과물인 탐구보고서의 정체를 정리해 보자.

> • 탐구활동: 인간, 사회, 자연의 탐구 대상을 작게 나누어 조사 분석하여 결과를 내는 활동
> • 탐구보고서: 탐구활동의 주제, 방법, 결과를 객관과 근거에 기 반해서 쓰는 보고서

탐구활동과 그 결과물인 탐구보고서가 입시에 중요한 평가 항 목이 되는 이유는 대학에 진학해서 학문적 탐구가 가능한 과학자 의 자질이 있는지, 과제 수행은 제대로 할 수 있을지, 제출해야 하 는 리포트는 쓸 수 있을지를 종합적으로 가늠할 수 있는 좋은 수단

이기 때문이다. 대학의 모든 학과는 과학의 범주 안에 있으니, 대학 입학사정관은 과학적으로 생각하는 방법을 알고 있는지, 과학적으로 탐구하는 방법을 알고 있는지, 과학적으로 결과물을 만들어 낼 수 있는 학생인지를 평가하기 위해 탐구활동과 탐구보고서를 살펴본다고 생각하면 된다.

그러니 과학적으로 생각하는 방법인 과학적 사고법, 과학적으로 탐구하는 방법인 과학적 조사법, 과학적 결과물을 만들어 내는 방법인 과학적 표현법을 한눈에 알아볼 수 있는 것이 탐구활동과 탐구보고서인 셈이다. 그리고 대학 입학사정관은 구체적으로 다음과 같은 점을 눈여겨본다.

1. 과학적 사고법

어떤 의문을 어떻게 가지고 주제를 만들었고, 그 의문을 구체적 탐구 대상과 분석 목적으로 어떻게 나누었으며, 어떤 모형과 가설을 사용하는가?

2. 과학적 조사법

탐구 의문과 주제를 풀어내기 위해서 어떤 방법으로 근거를 만들었으며, 그 방법은 주제에 적합한 것인가?

3. 과학적 표현법

탐구보고서에 탐구활동의 시작부터 조사 결과를 제시하기까지의 과정을 논리적·체계적으로 담을 수 있으며, 글의 표현 방법은 적절한가?

탐구활동과 탐구보고서를 평가하는 것은 위의 세 가지 영역이라고 할 수 있지만, 입시에서는 탐구보고서의 본문을 제출하지 않으니 탐구활동을 하면서 학생들이 가장 신경 써야 하는 건 과학적 사고법과 과학적 조사법이다. 연구에 관해서는 전문가라고 할 수 있는 지원 학과 교수 및 대학 입학사정관은 탐구보고서의 제목만 보아도 학생이 활용했던 사고법과 조사법이 과학자의 자질을 보여줄 수 있는지를 금방 판단할 수 있으니 좋은 평가를 받으려면 표현법보다는 이 2가지에 좀 더 집중해야 할 것이다. ●

주제로 가는
의문 갖기
─ 과학적 사고법 ①

과학적 사고법은 '의문 갖기'로 시작한다. 탐구활동을 하려면 뭔가 '이 궁금증을 풀어 보고 싶다.'라는 것이 있어야 하니까. 뭔가가 궁금하다는 것은 의문이 있다는 것이니 의문 갖기가 탐구활동의 출발점인 셈이다. '궁금한 무엇'을 발견하는 일은 사실 말처럼 쉬운 건 아니다. 우리나라 학생들은 의문 갖기보다는 정답 찾기에 열중하다 보니 의문을 어떻게 가져야 하는지 방법을 잊어 가고 있기 때문이다. 그러다 보니 탐구활동에 적절한 의문은 무엇이고, 어떻게 의문을 가지는 것이 좋은 주제로 이어질지 아예 감을 잡지 못하는 경우도 많다. 게다가 의문 갖기에 대한 여러 오해 때문에 오히려 탐구활동 주제로 맞지 않는 의문을 가지는 경우도 많다.

어떤 의문을 가질 것인지는 어떤 탐구활동 주제를 선정할 것인지와 같은 의미라서 어떤 의문을 어떻게 발전시킬 것인가는 탐구활동에서 가장 중요하다. 그럼 주제 선정에 필요한 의문에 대한 오해를 풀어 보면서 어떻게 주제를 잡으면 좋을지를 알아보기로 하자.

사회적 이슈를 다룬 커다란 의문이
좋지 않나요?

"사회비판적 정신을 보여 줄 수 있는 이슈를 다루는 주제가 좋지 않나요?"

"사회문제를 해결하는 내용을 다루는 주제가 좋을 것 같아요."

"뭔가 새로운 발견을 할 수 있는 실험 주제는 어떨까요?"

학생들에게 어떤 주제가 좋을지 생각해 보라고 하면 이렇게들 말한다. 과연 그럴까?

그럼 다음의 사례를 살펴보자. 대입 면접의 평가자 앞에 앉은 3명의 학생 생기부에는 각각 탐구활동의 제목이 기재되어 있다. 여러분이 평가자라면 어느 학생의 탐구활동에 가장 높은 점수를 주고 싶은지 생각해 보자.

- A 학생: 국내 저출생 상황의 문제와 해결 방안
- B 학생: 여성의 사회 진출이 저출생에 미치는 영향
- C 학생: 청소년의 결혼과 출산에 대한 인식 조사

아톰이 만일 평가자라면 C 학생에게 가장 높은 점수를, 다음으로 B 학생, A 학생 순으로 점수를 줄 것이다.

A 학생의 제목을 보자. 저출생 문제 자체를 다루고 있어서 굉장한 의미가 있어 보이지만 사실 이런 연구를 개인 연구자가 하는 것은 거의 불가능에 가깝다. 2, 3명의 고등학생이 한 팀이 되어서 2개월 정도의 탐구활동 기간에 저출생 문제의 요인과 해결 방안을 보고서로 작성하는 것이 과연 가능할까? 탐구활동과 보고서를 평가할 대학 관계자는 전문적으로 연구를 하고 논문으로 발표하는 사람들이다. 연구를 직업으로 하는 사람들은 모두 알고 있다. 이런 보고서를 쓰려면 최소 1년 이상이 걸리고 많은 전문가가 매달려야 한다는 걸. 게다가 그 보고서도 현실 가능한 성공적 해결 방안을 담고 있으리라는 보장이 없다는 것도.

그런 대학 관계자들이 "와우! 오늘 대단히 훌륭한 인재를 만났어. 이 학생은 무조건 합격!" 이렇게 생각할까, 아니면 "흐음, 신문

기사나 보고서를 보고 썼겠군. 내용은 뭐 안 봐도 뻔하겠고."라고 생각할까?

연구 전문가인 대입 면접 평가자가 보기에 말도 안 되는 탐구활동의 제목은 그냥 '생기부에 뭔가를 적어야 하니 무언가를 베껴서 제출한 것'으로밖에 여겨지지 않는다. 그래서 제목만 보면 엄청난 탐구활동을 한 듯하지만 사실은 전혀 평가받지 못하는 제목이다. 고등학생이 다룰 수 있을 정도로 주제가 작고 현실적이어야 한다는 뜻이다.

B학생의 제목은 저출생의 많은 요인 중의 하나인 '여성의 사회 진출'에 초점을 맞춰서 탐구활동을 했다고 말해 준다. 모든 요인을 살펴보는 것은 불가능하니 하나만 선택한 것은 적절해 보인다. 그런데 여성의 사회 진출이 늘어나면서 저출생 현상이 나타난다는 것은 이미 모두가 알고 있는 사실이다. 게다가 이 제목과 관련된 기사, 논문, 보고서도 너무나 많이 나와 있는 상태라서 탐구활동을 하는 학생들의 특별한 관점이나 조사 방식이 없다면 평가자들은 이런 제목에 눈길을 주지 않을 가능성이 크다. 그리고 A 학생과 유사하게 이미 알려진 정보들을 인용해서 정리하는 수준의 보고서를 썼을 가능성이 크다고 판단할 것이다.

자, 마지막 C 학생을 보자. 제목만 보면 조금 힘이 없어 보인다. 그저 청소년을 대상으로 결혼과 출산에 대한 인식 조사를 했다고 하니 아마도 친구들을 대상으로 설문조사를 했을 것이다. 설문 문항을 만들기 위해 기존의 논문이나 기사, 보고서를 참고하고, 구글 폼이나 네이버폼 같은 온라인 조사 도구로 직접 설문조사를 하고, 조사 결과의 그래프도 보고서에 담았을 것이다. 하지만 C 학생은 A와 B 학생과는 다르게 직접 '어떻게 궁금증을 풀어낼까' 방법을 고민하고, 직접 실행하고, 실행 결과인 데이터를 기반으로 보고서를 쓴 셈이다. 대학 입학사정관은 이런 과학적 탐구 과정을 높이 평가한다. 만일 고등학생인 자신과 친구들이 생각하는 가장 현실적인 정책 지원에 대해 구체적으로 설문 문항을 만들어 넣었다면 더욱 높은 평가를 받을 수 있다.

저출생 문제와 같은 사회적 이슈 그 자체는 그야말로 커다란 의문이다. 이 커다란 의문을 그대로 주제로 삼는 것은 탐구활동에 도움이 되지 않는다. 일단 '**사회적 이슈와 관련해 고등학생인 나는 무엇을 할 수 있을까? 내가 할 수 있는 범위의 것을 해 보자.**'라고 생각하자. 'AI의 미래 발전 방향과 문제점' '국내 환경오염의 문제점과 해결 방안' '사회적 불평등의 현상과 해소 방안' '과다경쟁 해소를 위한 대학 입시제도의 개선 방안' 등과 같은 주제는 듣기에는 좋지만 오히려 평가를 깎아 먹는, 해서는 안 되는 탐구활동 주제이니 피하도록 하자. ●

완전히 독창적인 의문이 필요하지 않나요?

주제를 잡기 위해 의문을 생각할 때 학생들은 독창성, 창의성을 걱정한다. 그래서 그런지 아톰의 눈에는 괜찮아 보이는 의문이나 주제도 "이건 너무 흔한 것 같아서 좀 그래요."라고 말한다. 그러다가 떠올리는 의문과 주제마다 새롭지 않아 보여서, 또는 다른 학생이 한 것 같아서 고민하다가 결국 탐구활동을 포기하는 학생도 있다. 특히 실험을 중심으로 탐구활동을 해야 하는 이과 지망 학생들이 그렇다.

대학 입학사정관은 과학적 사고법와 조사법를 활용하여 어떻게 탐구활동을 했는지를 평가한다. 물론 주제가 독창적이라면 더 좋은 평가를 받을 수 있지만, 기본은 어디까지나 사고법과 조사법의 활용 능력 평가이다. 아무리 독창적인 주제라 해도 과학적 사고법에 맞지 않거나 조사법도 엉망진창이라면 아무 소용이 없다.

게다가 지금까지 비슷한 것도 없었던 아주아주 독창적인 탐구활동 주제를 찾아내는 것은 석사와 박사과정의 대학원생도 어려워하는 일이다. 2023년 우리나라에서 석사와 박사학위를 받은 사람은 10만 1,629명이었으니 어림잡아도 학위 논문은 10만 편 가까이 나온 셈이다. 석사와 박사과정에서 학술지에 게재하기 위해 쓰는 논문까지 합치면 아마 1년에 생산되는 학문적 논문의 수는 족히 30만 편을 넘을 것이다. 이렇게 매년 약 30만 편 이상의 논문이 세상에 나온다면 10년이면 300만 편의 논문이 나오는 셈인데, 과연 이 논문들 한 편 한 편이 서로 비슷하지도 않은 독창적인 주제를 다루고 있을까? 거기다 해외까지 포함하면 그 수는 어마어마할 텐데 과연 이런 상황에서 엄청나게 독창적인 의문을 가지고 주제로 삼은 연구자는 과연 몇 명이나 있을까?

항균 실험을 예로 들어 보자. A 연구자가 "쑥, 마늘, 파, 양파와 같이 식재료로 많이 쓰는 것을 활용해서 집에서 손소독제를 만든다면 과연 어떤 것이 가장 세균을 잘 죽일 수 있을까?"라는 의문이 들었다. 그래서 4가지 재료를 사용해서 항균 실험을 해 보기로 하고 〈천연 물질의 손 표면 세균 항균 효과 차이에 대한 실험 조사:

쑥, 마늘, 파, 양파를 중심으로〉라는 논문을 썼다. 그럼 A 연구자가 손 세균의 항균 효과 실험을 했으니 이제 다른 연구자는 손 세균 항균 효과 실험을 하면 안 되는 걸까? 아닐 것이다.

B 연구자는 A 연구자의 논문을 보고 "생강도 항균 효과가 있지 않을까? A 연구자는 쑥, 마늘, 파, 양파를 가지고 실험을 해서 마늘과 양파가 항균 효과가 크다는 결과가 나왔다고 하는데, 나는 생강이 더 효과가 있을 것 같은데."라는 의문으로 실험을 하고 〈천연 물질의 손 표면 세균 항균 효과 차이에 대한 실험 조사 : 생강, 마늘, 양파의 비교 중심으로〉라는 논문을 발표했다.

그럼 B 연구자의 의문과 주제는 잘못된 것일까? 앞에서 과학을 설명하면서 과학은 다양한 작은 주제로 여러 연구자가 연구한 결과를 집대성해서 우리가 알고자 하는 대상을 파악하려는 앎의 방식이라고 이야기했다. 식재료로 사용하는 수많은 천연 물질 중 어떤 물질이 손 표면 세균에 대해 항균 효과가 있는지 한 사람의 연구자가 전부 실험하는 것은 불가능하다. 연구자는 각자 자신이 관심가는 물질을 몇 개 선택해서 실험한다. 그리고 항균 효과가 있는 것 중 어떤 것이 더 효과가 클지를 파악하기 위해 다른 연구 결과를 참고해서 자신의 아이디어를 덧붙여 다시 실험한다. 이런 작은 연구들이 모두 모이면 드디어 손 표면 세균에 대해 어떤 천연 물질이 항균 효과가 있으며, 이들 물질의 항균 효과는 어떤 것이 가장 크고 어떤 것이 작은지를 알 수 있게 된다.

문과를 지망하는 한 학생은 학습 집중력을 높이려면 어떻게 해야 할지에 관심이 있다. 논문 사이트에 가서 검색해 보니 학습 집중력 관련 논문이 한참을 클릭해도 남을 만큼 나온다. '아, 벌써 많은 연구가 있네. 그럼 학습 집중력을 주제로 삼아 봤자 독창적이라고 인정받지는 못하겠구나.'라고 포기하고 다른 주제를 찾으려 애쓴다. 그런데 잠깐. 학습 집중력에 어떤 요인이 영향을 미치는지 알고 싶었던 것 아닌가?

그럼 생각해 보자. 교실 벽이 어떤 색이냐에 따라 학습 집중력이 달라질 수도 있는 것 아닌가? 그럼 교실 온도, 습도, 이산화탄소의 농도, 조명의 색에 따라서는? 선생님 목소리의 성량이나 높낮이에 따라서는? 토론식이나 강의식의 수업 방식에 따라서는? 생각해 보니 정말 많은 요인이 학습 집중력에 영향을 미치고 있을 텐데, 이 요인 모두를 분석하는 연구가 있는 걸까? 설령 그런 연구가 이전에 있었다 해도 현재를 살아가는 고등학생을 대상으로 하는 연구는 있을까? 10년 전의 연구가 있다면 지금의 학생들과는 다를 수 있으니 시기별 비교 연구도 필요한 것은 아닐까? 10년 전보다 지금은 미세먼지에 더 민감한 학생이 늘어났을 수 있으니 이번에는 〈미세먼지 농도가 학습 집중력에 미치는 영향 조사〉라는 탐구활동을 하면 된다. 습도가 학습 집중력에 미치는 영향, 교사의 성량이 학습 집중력에 미치는 영향, 조명 색이 학습 집중력에 미치는 영향 등도 모두 학생 자신만의 충분한 탐구활동 주제가 될 수 있다.

이것이 과학이 앎을 찾아가는 방식이다. '태양 아래 새로운 것은 없다.'는 말처럼 완전히 새로운 의문과 주제도 없다. 다른 사람의 의문에 자신의 의문을 덧붙이거나, 다른 사람의 주제에 자신의 관점을 반영시킨다면 충분히 훌륭한 의문과 주제가 된다. 물론 완전히 자신만의 독창적인 관점을 보여 주는 의문이나 주제를 발견할 수 있다면 그것보다 좋은 건 없다. 그러니 가능한 독창성을 발휘해 보지만, 주제의 독창성에 너무 집착하다 탐구활동 자체를 놓치는 일은 없도록 하자.

이제 독창성에 집착하지 않으면서 커다란 의문에 욕심을 내지 않는 의문 갖기는 어떻게 하면 되는 것인지 단계를 밟아 가면서 알아보기로 하자. ●

매일의 일상에서 의문 가져 보기

'다른 사람이 하지 않는 자신만의 작은 의문.'

탐구활동을 시작하는 학생이라면 이런 의문에 도전해야 한다. 독창성에 집착하진 말아야 하지만, 그래도 조금은 다른 학생과는 차별되는 의문이 높은 평가를 받는 데 유리하다. 차별되는 의문은 쉽진 않겠지만 그렇다고 마구마구 어렵기만 한 것도 아니다. 다른 사람은 생각하지 않을 법한 의문을 지니는 가장 좋은 방법은 생활 속에서, 주변에서, 일상에서 의문을 찾아보는 것이다.

탐구활동이 시작되면 학생들은 그제야 의문과 주제를 찾는다. 어떤 학생은 선생님이 주제를 제출하라고 하니 인터넷 검색창에 '고등학교 탐구보고서 주제'라고 검색을 하기도 하고, 어떤 학생은 챗GPT에 '커뮤니케이션학과에 맞는 탐구 주제를 알려줘.'라고 물어보기도 한다. 그런데 다른 학생들도 마찬가지로 인터넷에 검색을 해 보거나 챗GPT를 사용하다 보니 결국 유사하거나 너무 많이 알려진 주제를 가져오니 문제다. 이렇게 의문 자체를 검색해서 찾아보면 당연히 차별화된 의문이 생길 리 없고, 사회적 이슈를 다룬 의문만 잔뜩 만나게 된다.

탐구활동의 주제는 평소 자신이 궁금하다고 생각하는 것이어야 한다. 주제 제출 마감에 쫓겨 갑자기 의문을 만들어 내려 하다 보니 검색을 하게 되고, 결국 다른 학생의 주제와 같은 것이 되고 만다.

다른 사람이 하지 않은 의문을 가지려면 자신의 일상에 초점을 맞춰야 한다. 사람들은 각자 서로 다른 일상을 살고 있다. 만나는 사람이 다르고, 가는 곳이 다르고, 보는 것이 다르고, 생각하는 것도 다르다. 그러니 그 일상에서 찾아낸 의문은 다른 사람과 같은 의문일 수가 없다. 아톰이 일상의 의문을 이야기하면 "교과 내용을 주제로 해서 탐구활동을 해야 하는 것 아닌가요?"라며 의아해 하는 학생도 있다. 물론 실제로 과목별로 탐구보고서를 쓰기도 하니 교과 내용에 맞춘 탐구활동 주제를 잡아도 괜찮지만, 이러면 또 비슷한 주제라는 함정에서 벗어날 수 없고, 평가자들은 너무 많이 보아 왔던 주제라 식상하게 느낄 수도 있다.

일상에서 의문을 찾으려면 익숙하게 자리 잡은 주변의 자극을 조금은 삐딱한 시선으로 바라볼 필요가 있다. 일상에서 흔히 마주치는 것에 우리는 의문을 가지기 힘들다. 너무 익숙하다 보니 이상하다고 생각하지도 않고 궁금해 하지도 않는다. 하지만 아무도 의문을 가지지 않는 이런 일상에서 많은 독창적인 탐구활동 주제가 자신을 발견해 주길 숨을 죽이고 기다리고 있다.

일상의 의문은 커다란 의문이 될 수 없다. '집에 오래된 의약품을 버려야 하는데 어떻게 버려야 하지? 다른 사람들은 어떻게 버리고 있지?'는 작은 의문이지만, '어떻게 하면 국내 토양과 수질오염의 문제점을 해결할까?'라는 커다란 의문으로 연결된다. 작은 의문으로 시작된 〈가정 내 의약품의 폐기 실태와 인식의 조사 연구〉라는 탐구활동이 〈국내 토양과 수질오염의 문제점과 해결 방안〉이란 탐구보고서보다 훨씬 훌륭한 탐구활동이다.

그럼 일상에서 찾아낸 작은 의문을 어떻게 주제로 바꾸는지 아톰의 사례를 살펴보도록 하자.

늦은 여름의 어느 날, 오산에 있는 고등학교에 강의를 하러 갔다. 너무 일찍 도착해 잠시 시간을 보내기 위해 카페에 들러 강의 자료를 살펴보고 나오는 길에 마주친 횡단보도의 하얀 선에 눈이 갔다. 우리가 매일 만나는 익숙한 횡단보도에 '뭐지?' '왜 이렇지?'라는 의문이 들었고, 그 자리에서 사진 한 장을 찍었다. 아톰이 어떤 의문이 들어 사진을 찍은 건지 아래 사진에서 여러분도 탐구활동에 적절한 의문을 떠올려 보기 바란다. ("왜 오토바이는 저기에 세워 두었을까?"나 "검은색 차는 왜 정지선을 넘었을까?" 같은 의문은 오토바이나 검은색 차량 운전자 개인의 마음을 탐구하는 것이니 탐구의 가치와 의의가 없다. 제발 이런 의문은 빨리 버리자.)

학생들에게도 주제로 할 만한 의문을 찾아보라고 하니 A 학생은

"신호등 기둥의 색이 노란색인 이유는?"이라고 대답하는데, 이건 바로 앞에 초등학교가 있기 때문이다(이 책의 흑백 사진을 통해서는 드러나지 않지만 사진 속 신호등 기둥은 노란색이다). 초등학교나 어린이집 근처의 횡단보도는 어린이보호구역이라서 신호등 기둥의 색이 노란색이다. B 학생은 점자블록 앞에 노란색으로 선이 그어져 있는 이유가 궁금하다고 했는데, 이것도 역시 어린이보호구역이라서 조금 더 뒤에서 신호를 기다리라는 뜻이다. 횡단보도 선 옆에 그려진 삼각형이 궁금한 C 학생은 차량 진행 방향 표시를 의미한다고 하니 고개를 끄덕인다.

A, B, C 학생은 일상의 모습에서 의문을 찾으려 한 점은 칭찬받을 만하지만, 이런 의문은 매일 보는 횡단보도에 조금만 관심을 가졌다면 금방 풀어낼 수 있는 의문이니 탐구활동 주제가 되기에는 부족하다.

이에 비해 탐구활동 주제로 삼을 만한 의문을 가진 학생도 있다. D 학생은 "횡단보도의 색이 하얀색인 이유는 무엇일까요?"라며 다른 색으로 횡단보도를 칠해도 좋지 않을까 생각했다. E 학생은 횡단보도 좌우측에 그려진 2개의 화살표에 주목하고는 "횡단보도도 우측보행을 하라는 의도는 알겠지만 대부분의 사람이 지키지도 않는 화살표를 그려 놓아도 아무 소용이 없지 않나요?"라고 말한다. F 학생은 이 이야기를 듣고 "그러고 보니 우측보행 때문에 횡단보도를 반으로 갈라서 서로 엇갈리게 칠한 거네요. 그런데 굳이 이럴 필요까지 있을까요?"란다.

D, E, F 학생의 의문은 A, B, C 학생의 의문과는 달리 금방 풀어내기는 힘들다. 횡단보도의 색을 하얀색이 아니라 분홍색, 노란색, 연두색으로 다르게 칠한다면 운전자의 눈에 잘 띄지 않아서 교통사고가 늘어날지, 아니면 교통사고는 증가하지 않으니 획일적인 도시 디자인에 활기를 줄지 실험을 해 봐야 풀 수 있는 의문이다. 2단으로 횡단보도를 가르고 거기에 화살표까지 그려 넣는 우측보행 유도 정책이 정말 효과적인지를 알아보려면 시민들의 행동을 관찰하여 화살표대로 건너는 사람은 몇 퍼센트인지, 지키지 않는다면 왜 지키지 않는지를 파악해야 할 것이다. 그리고 그 조사 결과를 토대로 우측보행을 하도록 시민들을 계몽해야 하는지, 아니면 우측보행 자체가 큰 의미가 없으니 이 제도는 없애는 것이 좋은지 등에 대한 시사점을 얻을 수 있을 것이다.

A, B, C 학생의 경우처럼 조금만 더 주의 깊게 살펴보거나, 조금만 더 생각해 보거나, 인터넷에서 1분만 정보를 찾아보면 풀리는 의문은 탐구활동의 주제로 가는 의문이 될 수 없다. **탐구활동 주제에 적절한 의문은 의문 풀기에 문헌조사, 설문조사, 관찰조사, 실험조사 등**

과 같은 '과학적 조사 방법'이 필요하며, 또한 의문을 푸는 것에 '의의와 가치'가 존재하는 의문이어야 한다. 단순히 검색만 하면 나오는 의문은 초등학생 수준의 궁금증 풀기에 불과하니 고등학생이 해야 하는 탐구활동에 어울리는 의문이 될 수 없다.

탐구활동은 시간과 노력을 들여서 과학자의 자질을 보여 주기 위한 것이다. 물론 개인의 궁금증을 풀려고 연구하는 과학자도 있겠지만 대부분의 과학자는 세상에 필요한 지식과 정보를 찾아내기 위해 연구를 한다. 탐구활동도 당연히 이런 의의와 가치가 있어야 하고, 탐구보고서의 '배경과 목적'을 서술하는 부분에 반드시 자신의 탐구활동이 어떤 의의와 가치가 있는지를 담아야 하니 의문의 단계에서 '지금 내가 생각한 의문을 풀어내는 것이 과연 어떤 의의와 가치를 이야기할 수 있을까?'를 함께 생각해야 한다.

정리하자면 '탐구할 만한 의의와 가치가 있고, 시간을 들여서 풀어내야 하는 일상의 작은 의문'이 필요하다. 그러려면 평소에 궁금증의 안테나를 세우고 주변을 둘러보아야 한다. 관심의 영역을 넓히기 위해 다양한 분야의 책도 읽고, 소설·영화·만화·애니메이션 같은 콘텐츠도 접해 보고, 뉴스 등을 통해 세상 돌아가는 소식도 들어 봐야 한다.

그럼 다시 횡단보도 사진으로 돌아가자. 아톰이 횡단보도 사진을 찍게 된 의문은 이랬다.

"왜 횡단보도의 선은 한 칸씩 띄어서 그려져 있는 걸까? 그냥 세로로 오른쪽과 왼쪽에 길게 줄을 그으면 페인트 값도 절약할 수 있을 텐데 그렇게 하면 안 되나? 오른쪽과 왼쪽에 한 줄씩만 그어도 운전자가 횡단보도라고 인식할 수 있기만 하면 되는 거 아닌가?"

이런 생각을 하게 된 건 며칠 전에 행정 예산 부족으로 지방자치단체가 사회적 약자를 충분하게 지원하지 못한다는 뉴스를 접했기 때문이다. 횡단보도를 조금 더 간단하게 칠할 수 있다면, 간단하게 칠한 횡단보도를 운전자가 충분히 잘 인식해서 사고율이 올라가지 않는다면 그 방법으로 칠하면 좋지 않을까? 간단하게 칠할 수 있다면 분명 페인트칠에 소요되는 행정 지출을 절감할 수 있을 것이다.

아톰의 의문은 '행정 지출을 줄일 수 있는 다른 형태의 횡단보도가 없을까?'이다. 이 의문을 풀어 보려면 다른 형태의 횡단보도와 지금의 횡단보도를 비교 실험해서 운전자가 횡단보도의 존재를 잘 인식하는 비율이 같은지 알아봐야 할 것이다(과학적 조사 방법). 그러면 자연스럽게 행정 지출 절감에 대한 시사점을 제시할 수 있을 것이다(의의와 가치). ●

검색으로 의문을
구체적으로 다듬기

의문이 생겼으니 검색을 해 본다. 먼저 '왜 횡단보도는 띄엄띄엄 그리는 걸까?' '횡단보도를 한 칸씩 띄어서 그리는 이유' 등을 인터넷으로 찾아본다. 우리가 매일 보는 횡단보도를 일반적으로 얼룩말(zebra)형 횡단보도라고 부른다는 걸 알았다. 그리고 이렇게 그리는 이유는 검은색 아스팔트에 하얀색이 눈에 잘 띄기 때문이라는데, 생각해 보니 당연한 이야기. 그런데 검은 바탕에 하얀색이 눈에 잘 띈다고 한다면 아톰이 생각한 것처럼 길게 오른쪽과 왼쪽 양옆에 흰 줄을 그으면 안 되는 이유도 없을 것 같다. 아톰은 횡단보도에서 행정 지출 절감 방법을 찾아보려고 했던 것이니까 '왜 얼룩말형 횡단보도이지?'란 건 중요하지 않다. 사실 더 궁금한 건 '페인트 값을 절감할 수 있는 다른 방법으로 횡단보도를 칠하면 안 되는 걸까?'이다. 그래서 다시 검색해 본다.

이번에는 다른 형태로 선이 그어진 횡단보도를 찾아본다. 검색 사이트에 '횡단보도 종류'라고 검색해 봐도 결과는 신통치 않다. 그래서 혹시나 하는 마음으로 영어판 위키피디아에 'crosswalk'라고 입력해 본다. 그러자 신기하게도 우리가 매일 보던 형태가 아니라 양옆에 실선을 그린 아래와 같은 횡단보도 이미지가 나온다.

photo by Magnus Bäck, commons.wikimedia.org

미국에는 이런 실선 횡단보도가 있다고 하니 검색 결과 가장 위에 나오는 'Crosswalks in North America'도 클릭해 보자. 미국

은 지역별로 횡단보도의 모양이 조금씩 다르다고 하는데, 연방고
속도로국(Federal Highway Administration)의 규정에 따르면 미국 내
에는 아래와 같은 다양한 횡단보도 형태가 있다고 한다. 우리가 매
일 보는 얼룩말형 횡단보도를 미국에서는 대륙형이라는 의미로
'continental'로 부른다는 점만 주의하자. 대신 연방고속도로국은
특별히 주의를 끌 수 있도록 사선으로 그려진 횡단보도를 'zebra'
로 부르고 있다.

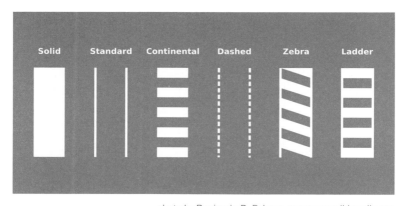

photo by Benjamin D. Esham, commons.wikimedia.org

　와우! 위의 그림을 보니 실선(standard)만으로도 예산을 엄청나
게 절감할 수 있을 듯한데 점선(dashed) 형태의 횡단보도도 있다고
나온다. 실선에 소요되는 예산을 1/2로 줄일 방법이 있다니.

"에이 설마 점선으로 그리면 운전자 눈에 잘 띄지 않아 사고가 많이 일어나지 않을까? 이걸 진짜 쓰는 나라가 있다고?"라는 궁금증에 'dashed crosswalk'를 검색해 보니 웬걸 너무나 많은 이미지가 등장한다. 게다가 생각보다 횡단보도의 점이 너무 작아서 놀랄 정도다.

photo by Dave Hitchborne, commons.wikimedia.org

의문을 검색하고 찾아보는 목적은 의문을 좀 더 구체적으로 다듬기 위해서이다. 구체적으로 다듬어야 명확하게 주제를 설정할 수 있다. 처음에는 그저 '다른 형태로 바꿀 수 없을까?'였을 뿐 구체적으로 어떠어떠한 형태로 바꿀 수 있는지는 아직 생각하지 않았다. 검색 결과 실선, 점선 등 다양한 형태의 횡단보도가 있다는 걸 알았으니 '횡단보도의 형태가 점선(dashed)형, 실선(standard)형, 얼룩말(zebra)형일 경우 운전자가 횡단보도의 존재를 인식하는 정도(비율)는 같을까?'로 의문을 구체화할 수 있다. 구체화한다는 건 바로 '횡단보도 형태를 무엇과 무엇으로 나눈다'는 의미다.

그런데 아직 검색이 필요한 부분이 있다. 도대체 '운전자의 인식 정도'가 어떤 것을 말하는지 결정하지 않았다. 운전자가 횡단보도를 인식하는 것을 어떻게 '정도'라는 숫자로 나타낼지를 찾아봐야 한다. 횡단보도 관련 기사와 논문 등을 검색해 보니 차선이나 횡단보도를 명확히 인식하는 걸 '운전자 시인성(視認性, Visibility)'이라고 부른다는 걸 알았다. 시인성은 다양한 방법으로 측정하는데, 얼마나 떨어진 거리에서 횡단보도를 횡단보도로 알아차리느냐도 그 방법 중 하나라는 것도 알았다. 검색하면 할수록 의문은 구체적으로 발전한다.

이렇게 처음에는 단순했던 의문이 점차 발전하면서 〈횡단보도 형태에 따른 운전자 시인성 차이 조사 연구: 실선형, 점선형, 얼룩말형을 중심으로〉라는 탐구보고서의 제목도 윤곽이 드러난다. 물론 이 탐구활동을 하는 목적은 시인성 거리가 비슷하다면 가능한

"횡단보도는 왜 얼룩말 무늬로 되어 있는 걸까?"

⬇

"다른 횡단보도 형태는 없는 걸까?"

⬇

"다른 횡단보도 형태는 무엇이 있을까?"

⬇

"다른 횡단보도 형태로 한다면 운전자가 잘 인식할 수 있을까?"

⬇

"횡단보도가 실선, 점선, 얼룩말 형태일 때 모두 운전자 인식이 비슷할까?"

⬇

"횡단보도가 실선, 점선, 얼룩말 형태일 때 운전자 시인성은 다를까?"

⬇

"횡단보도 형태가 다르다면 운전자 시인성 거리도 다를까?"

행정 지출을 줄일 수 있는 형태의 횡단보도를 그리는 것이 좋겠다는 제안을 뒷받침하려는 것이다. 이 제안을 하려면 과학적 근거가 필요하고, 근거를 확보하기 위해 과학적 방법인 비교 실험을 한 후 탐구 과정과 결과를 정리해서 보고서로 만든 것이 바로 탐구보고서이다. ●

what을 중심으로
의문 바꾸기

앞에서 의문이 구체적으로 발전하는 과정을 다시 보면서 첫 의문과 마지막 의문의 차이점을 찾아보자. 여러 가지를 찾을 수 있겠지만 탐구활동 주제를 만들어야 하는 학생들이 가장 눈여겨볼 것은 '왜(why)'가 '무엇(what)'으로 바뀐 변화이다.

'왜(why)'는 우리가 많이 하는 의문 형식이다. '왜 사람은 살아가는가?'라는 존재론적 의문부터 시작해서 '왜 새는 지저귀는가?'라는 기능적 의문까지 다양하다. 아이가 커 가면서 가장 많이 하는 질문도 '왜'라서 부모들은 자녀의 연속되는 질문에 미칠 지경이 되기도 한다. 그러다 보니 학생들에게 일상의 의문을 말해 보라고 하면 '왜'로 시작하는 의문을 말하는 학생이 많다. 아니, 거의 모든 학생이 그렇다고 할 수 있을 정도이다.

그런데 이 '왜'라는 의문사는 사실 탐구하기가 여간 까다로운 게 아니다. 예를 들어, '왜 요즘 학생들의 학습 집중력이 떨어지는 걸까?'라는 의문을 풀려면 어떻게 해야 할까? 우선 학습 집중력을 떨어뜨리는 많은 요인을 먼저 생각해야 한다. 습도, 온도, 미세먼지, 소음, 이산화탄소 농도, 과목, 선생님의 말투, 교실 벽의 색, 조명의 조도, 책상과 의자의 높이 등등. 이 모든 것을 다 살펴봐야 한다. 한 사람의 연구자에게 불가능한 일이다.

'왜 마늘은 항균 효과가 있을까?'란 의문을 풀려면 어떻게 해야 할까? 마냥 마늘을 바라보고 있다고 해결이 되지 않으니 마늘의 어떤 성분이 항균 효과를 지니고 있을 거라고 추측한 후, 만약 마늘이 13개의 성분으로 구성되어 있다면 이 성분 하나씩 항균 효과가 있는지 실험해야 할 것이다. 이렇게 하면 A라는 성분의 항균 효과로 인해 마늘이 항균 효과를 지니게 되었다고 이야기할 수 있다.

'인간은 왜 다른 사람에게 친절해야 하는가?'란 의문을 풀어내는 것도 마찬가지다. 선하게 살면 개인에게 이득이 되는 점, 그리고 사회적으로 유리한 이유를 우선 생각해야 하는데 아마도 수많은 이유가 등장할 것이다. 그럼 정말로 그 이유가 맞는지 아닌지를 하나하나 검토해서 최종적으로 이러이러한 이유로 우리는 타인에게 친절해야 한다고 밝혀낼 수 있을 것이다.

'왜'로 시작하는 물음이나 의문은 쉽게 떠올릴 수 있지만, 결국 이 의문을 풀어내려면 '무엇(what)'에 의존할 수밖에 없다. 어떤 (what) 요인, 어떤(what) 성분, 어떤(what) 이유 등을 알아냈을 때 비로소 '왜'가 해결되기 때문이다. '물은 왜 어는가?'란 의문도 결국은 '물의 분자가 어떤 온도에서 어떤 구조로 변화하는가?'를 밝혀내는 것이다. 모든 그럴듯한 '왜?'라는 물음은 구체적인 어떤 것을 밝혀내는 행동인 '무엇(어떤)'으로밖에는 풀어낼 수가 없다. 그래서 과학은 '왜'라는 의문이 아니라 '무엇이나 어떤'이라는 구체적인 의문을 좋아한다.

게다가 고등학생의 탐구활동에 '왜'라는 의문은 적절하지도 않다. 위에서 말한 것처럼 '왜'를 풀기 위해서는 다양한 요인, 요소, 성분, 이유 등 아주 세부적인 것들을 다루어야 하는데, 이런 것을 다루기 위해서는 많은 시간과 인력과 도구가 필요하다. 마늘의 항균 성분을 찾아내려면 우선 마늘의 성분을 분석할 수 있는 도구가 있어야 하고, 반복 실험을 통해 어떤 성분이 확실히 항균 효과가 있는지를 확인하려면 시간과 인력이 필요하다. 무엇보다는 전문 도구를 다루면서 연구할 수 있는 전문적인 능력도 필요하다. 그런데 탐구활동은 길어야 3개월 정도이고, 고등학생은 전문적인 연구에 필요한 정보와 지식은 물론 도구를 가지고 있지도 않다.

그러니 아무리 일상에서 가져온 작은 의문이라 할지라도 '왜'라는 의문사로 시작하는 의문이라면 빨리 '어떤'이나 '무엇', '어느'로 시작하는 의문으로 바꾸거나, 구체적인 무엇을 의미하는 '(어떤)형태, 색, 시간, 무게, 온도, 성분, 음악' 등의 명사 중심 의문으로 바꾸어야 한다.

'왜'뿐만 아니라 '어떻게(how)'로 시작하는 의문도 '무엇' 중심의 의문으로 바꾸어야 한다. 예를 들어, '어떻게 하면 지역 전통시장을 활성화시킬 수 있을까?'라는 의문이 있다고 하자. 요즘 대형마트에 밀려서 전통시장이 어려움을 겪으니 탐구활동의 의의는 있을 듯하다. 그런데 이 의문을 풀려면 어떻게 해야 할까?

우선 전통시장의 문제점을 해결해야 하니 하나하나 열거해 봐야한다. 역이나 버스정류장이 너무 먼 건 아닌지, 상인들은 친절한지, 상품 가격은 적절한지, 지붕이 있어 비가 와도 쾌적한 쇼핑이 되는지, 주차장은 충분한지, 시장 홍보는 잘되고 있는지, 상품은 잘 갖추어져 있는지, 상품은 신선한지, 음식은 맛이 있는지 등등. 이렇게 전통시장의 요소를 점검한 후에 문제가 되는 요소를 찾은 후, 그 요소를 어떻게 변화시켜야 할지를 궁리해야 한다.

다른 것은 다 괜찮았는데 주차장이 충분하지 않다는 문제점을 해결해야 활성화가 가능하다는 걸 알았다고 하자. 주차장은 어떻게(how) 넓혀야 할까? 다시 주차장을 넓히기 위한 방법을 열거해 본다. 상인회에서 옆 건물을 사서 주차장으로 바꾸는 방법, 상인회에서 50미터 떨어진 유료 주차장을 사서 시장 방문자 주차장으로 바꾸는 방법, 구청과 협의해서 공용주차장을 확보하는 방법, 인근 건물들과 협의해서 지하 주차장을 함께 사용하고 주차권을 발행하는 방법 등등.

이렇게 해서 '어떻게 하면 지역 전통시장을 활성화시킬 수 있을까?'를 풀어내어 '주차장 확보가 문제인데 이는 인근 건물의 주차장과 협의하여 공동으로 사용할 수 있는 주차권을 발행하고, 일정 금액을 상인회가 지불하는 방법으로 해결할 수 있다.'는 결론을 낼 수 있다. 하지만 이 과정에서 일단 전통시장의 어떤(what) 요소가 문제인지 찾아내야 하고, 문제를 해결하기 위해서는 어떤(what) 방법이 있는지를 검토해야 한다. 결국 '어떻게'로 시작한 의문이지만 이걸 풀기 위해 실제 발휘되어야 하는 의문은 결국 '어떤'과 '무엇'이다.

'어떻게'도 '왜'와 마찬가지로 풀어내기 위해서는 많은 시간과 인력이 필요하다. '어떻게 하면 항균 효과를 높일 수 있을까?' '어떻게 하면 학습 집중력을 높일 수 있을까?'를 다루려면 항균 효과를 높이고 학습 집중력을 높이기 위해서 생각할 수 있는 가능한 모든 방법을 살펴봐야 하는데, 역시 소수의 인원이 짧은 시간에 해결할 수 없으니 탐구활동의 의문으로는 적절하지 않다.

하지만 대학교와 대학원에 진학하면 연구자가 되어 충분한 시간을 가지고 '어떻게'와 '왜'의 의문을 풀어 나갈 기회가 주어진다. 잊지 말아야 할 것은, 어떤 연구나 탐구라도 모두 과학이 기본이라는 사실이다. 과학은 '무엇은 무엇으로 이루어져 있는가?' '무엇과 무엇은 어떻게 다른가?' '무엇과 무엇은 어떤 관계가 있는가?' '무엇은 무엇에 어떤 또는 얼마나 영향을 미치고 있는가?' '무엇이 바뀐다면 무엇도 바뀌는가?' '무엇을 개선하려면 무엇을 바꾸어야 하는가?' '무엇이 무엇에 가장 큰 영향을 미치고 있는가?' 등을 풀어 나가면서 발전해 왔다.

결국 과학은 '왜'나 '어떻게'를 묻는 것처럼 보이지만 사실은 '무엇'을 중심으로 하는 사고법을 가지고 있는 셈이다. 그러니 이번 탐구활동은 '왜'와 '어떻게'의 의문을 '어떤'과 '무엇'으로 바꾸어 생각하는 과학적 사고법을 익히는 기회로 활용하도록 하자. ●

탐구활동에 적절한
4가지 의문 형식

'무엇'을 중심으로 다양한 의문을 생각할 수 있지만 탐구활동에 가장 적합한 의문 형식은 다음과 같은 4가지 형식으로 정리해 볼 수 있다. 이들 형식 외에도 의문의 형태는 있을 수 있지만 제시하는 4가지 형식으로 자신의 의문을 변화시킨다면 탐구활동 주제로 삼는 데 큰 문제는 없으니 의문이 잘 정리되지 않는다면 다음 4가지 형식에 맞춰 의문을 정리하는 것이 좋다.

1. 무엇에 대한 실태와 인식, 현상은 어떠한가?

이런 의문은 대부분 설문조사를 통해 밝혀지는 탐구활동으로 이어지는데 '청소년은 결혼과 출산에 대해 어떤 인식을 가지고 있을까?'와 같은 것이다. 주로 사회현상이나 이슈를 파악하고자 할 때 사용되는 의문 형식이라 할 수 있다. 단, 알고 싶어 하는 실태, 인식, 현상이 너무 간단해서 인터넷으로 검색만 하면 나오는 것은 적절하지 않은 의문이다. (이 의문 형식으로 자신의 의문을 정리하려는 학생은 뒤의 〈Chapter 3. 주제 다듬기〉를 읽지 않고 설문조사를 설명하는 부분으로 건너뛰어도 좋다. 하지만 다른 내용이 궁금하다면 읽어 보는 것을 적극 추천.)

2. 무엇은 무엇에 영향을 미치는가? / 무엇은 무엇에 효과가 있는가?

이 형식은 하나의 무엇이 원인으로 작용해서 무엇이라는 결과를 가져오는가를 탐구하기 위한 의문 형식이다. 혼자 집에서 공부하는 것보다 도서관이나 교실에 공부하는 다른 친구가 있을 때 더 집중이 잘되는지가 궁금하다면 '다른 학생의 존재'가 학습 집중력에 영향을 미치는지가 궁금하다는 것이니 '다른 학생이 함께 있으면 학습 집중력에 영향을 미쳐 학습 집중력이 올라갈까?' 또는 '다른 학생의 존재가 학습 집중력에 영향을 미치는가?'라는 의문으로 정리할 수 있다. '양파는 구강 세균에 항균 효과가 있을까?'도 마찬가지로 '양파'는 '세균 항균'에 효과가 있는 것인가를 살피는 탐구활동의 의문이 된다.

3. 무엇과 무엇은 상관관계가 있는가? / 무엇과 무엇의 관계는 어떠한가?

이 형식은 무엇과 무엇의 원인-결과의 관계는 잘 모르겠지만, 2개의 무엇이 정비례 관계 또는 반비례 관계 같은 관계성을 가지고 있는지를 파악하기 위한 의문 형식이다. 학생이 느끼고 있는 학업 스트레스와 성적은 과연 어떤 관계가 있는지 궁금해서 '학업 스트레스와 성적(학업성취도)은 관계가 있을까? 있다면 어떤 관계일까?'를 다루는 의문이 된다. ②의 의문 형식은 원인과 결과라는 인과관계를 밝히려는 것이 목적이고 ③은 인과관계보다는 두 무엇의 관계 양상과 관계 정도를 파악하려는 것이 목적인 점에서 차이가 있다.

4. 무엇과 무엇이 있는데, 이것들은 무슨 차이가 있을까? / 무엇과 무엇과 무엇이 있는데, 이것들이 무엇에 미치는 영향은 각각 다를까?

빨간색, 파란색, 노란색 등 여러 조명 색 중에서 무엇이 학습 집중력을 높이는 데 가장 도움이 되는지 궁금하다면 이 형식의 의문으로 바꾸어서 '빨간색, 파란색, 노란색, 흰색의 조명 색에 따라서 학습 집중력은 차이가 있을까?'라고 생각하면 된다. '마늘, 생강, 양파 중에서 어떤 식재료가 가장 항균 효과가 좋을까?'라는 의문도 바로 이 형식에 해당한다. 탐구활동에서 가장 많이 쓰이는 의문 형식이다.

　4가지 형식은 무엇의 실태와 인식, 효과·영향, 관계, 차이를 밝히는 것에 초점을 맞추고 있다. 과학자는 세상 모든 것들 간의 실태와 인식, 영향, 관계, 차이를 궁금해 하고, 이것을 풀어내려고 노력한다. 그러니 탐구활동을 하는 학생이라면 이 과학적 사고법의 의문 형식을 익혀 두도록 하자. 4가지 의문 형식으로 자신의 의문이 정리되었다면 이제 상당히 구체적으로 의문을 발전시킨 셈이니 조금만 더 다듬어서 주제를 확정하도록 하자. ●

이렇게 하면
되는 거였네!

탐구활동에 적절한 4가지 의문 형식
① 무엇에 대한 실태, 인식, 현상은 어떠한가?
② 무엇은 무엇에 영향을 미치나? / 효과가 있나?
③ 무엇과 무엇은 상관관계가 있는가?
④ 무엇들이 있을 때, 이것은 각각 어떤 차이가 있을까?

주제 다듬기
─ 과학적 사고법 ②

이제 의문을 본격적으로 다듬어서 구체적인 주제로 확정하는 단계로 나아가 보자. 사실 구체적으로 의문을 가다듬었다면 탐구활동 주제는 저절로 확정된다. 의문 자체가 주제가 되기 때문이다. 하지만 구체적 의문이 그대로 학생 각자에게 딱 맞는 주제가 되려면 좀 더 작업이 필요한데, 탐구활동의 대상과 목적을 명확히 구분하는 작업이 가장 중요하다. 이 작업이 이루어지면 주제를 명확히 서술할 수 있고, 탐구활동의 설계도라 할 수 있는 탐구 모형을 그릴 수 있을 뿐 아니라, 가설을 쉽게 설정할 수 있기 때문이다. 탐구활동과 탐구보고서 과정의 성공 여부는 주제 선정에서 결정되는 만큼 반드시 익혀 두어야 하는 단계라 할 수 있다.

탐구활동과 탐구보고서가 대학 입시에 활용된다는 점을 염두에 두고 주제가 각자의 진로나 희망 학과에 어울리는 것인지를 유념하면서 주제를 다듬어야 한다.

어떤 의문이든 진로와
연결할 수 있다

탐구계획서 멘토링을 진행하다 보면 자신의 진로에 맞춰서 주제를 잡지 못해 고민하는 학생들을 많이 만난다.

"글쎄요, 사실 전 뭐 알고 싶고 풀고 싶은 게 딱히 있는 건 아니에요. 그런데 주제를 잡으려 하니 일단 진로에는 맞춰야 할 것 같고⋯."

이렇게 말하는 경우가 대부분이다. 이야기를 나눠 보면 진로나 희망 학과에 맞는 주제가 없다는 것보다 더 문제가 되는 건, 주제 이전에 의문이 없다는 점이다. 의문이 있어야 탐구활동이 시작되는데 의문이 없으니 시작할 수가 없다.

그런데 많은 학생과 선생님들은 처음에 가진 의문과 호기심이 어떤 것이냐와 상관없이, 의문을 다듬으면 희망 학과에 어울리는 주제로 바꿀 수 있다는 걸 간과하고 있다.

앞에서 다룬 "왜 횡단보도는 얼룩말형으로 되어 있는가?"라는 의문을 예로 들어 보자. 우리는 이 의문을 최종적으로 "횡단보도의 형태를 바꾸면 운전자 시인성이 달라질까?"라는 구체적인 의문으로 바꾸었다. 그런데 이 구체적인 의문은 왠지 교통공학과에 진학하려는 학생에게나 어울리는 주제라는 생각이 든다. 그럼 다른 학과에 어울리는 주제로 바꾸려면 어떻게 해야 할까?

심리학과 희망 학생이라면 인간의 심리 변화에 대한 이야기를 담으면 적절할 듯하니 "횡단보도의 형태를 바꾸면 인간의 심리에 변화가 생길까?"라는 의문으로 말을 바꾸고, "얼룩말형보다 점선형이나 실선형으로 하면 보행자는 불안감을 더 느끼게 될까?"라고 의문을 다듬어서 구체적으로 "횡단보도의 형태에 따라 보행자의 불안감은 차이가 있을까?"라는 의문을 떠올리면 된다. "점선과 실선일 때 운전자도 자신이 횡단보도를 잘 보지 못해 사고를 일으킬지 모른다는 불안감이 더 커지는 게 아닐까?"가 알고 싶다면 "횡단보도의 형태에 따라 운전자의 사고 불안감은 차이가 있을까?"라는 의문을 가져도 좋다.

사회학과 희망 학생이라면 "횡단보도의 형태에 따라 사회적 행동에는 변화가 생길까?"를 중심으로 생각해서 어떤 형태의 횡단보도가 사회적 규범을 잘 지키는 사람처럼 인식되는지를 조사해 보아도 좋다. "횡단보도 형태가 다를 때 정지선에 잘 멈추는 행동과 스스로 사회적 규범을 잘 지키는 사람이라는 자기 인식과는 어떤 관계가 있을까?"를 알아보는 것이다. 점선형은 얼룩말형보다는 사회적 압박감이 덜한 형태이니 이를 잘 지키는 사람과 그렇지 않은 사람은 사회적 규범 인식에서 차이가 있는지 조사하는 탐구활동이다.

행정학과 희망 학생이라면 "횡단보도의 형태에 따라 행정 지출액의 차이가 발생할까?"라고 아톰이 처음 생각했던 목적을 그대로 의문으로 생각해 보아도 좋다. 똑같은 면적의 횡단보도를 얼룩말형, 점선형, 실선형으로 칠할 때 소요되는 페인트와 인력 비용은 물론 매년 이를 다시 칠할 때 드는 비용까지 계산하여 행정 지출액을 비교해 보는 것이다.

디자인학과 희망 학생이라면 "횡단보도의 형태를 변화시킴에 따라 나타나는 공공디자인의 효과는 차이가 있을까?"를 다루면 된다. 횡단보도도 공적인 디자인 요소이니 이를 공공디자인의 관점에서 다룬다면 좋은 주제가 된다. 나아가 "천편일률적인 얼룩말 무늬의 현재 횡단보도를 어떤 디자인으로 바꾸는 것이 가장 좋을까?"라는 의문을 가져 보면 어떨까?

처음부터 진로와 잘 맞는 의문을 가지는 것이 가장 좋겠지만, 만일 그렇지 않다면 일상에서 평소 궁금하던 작은 의문을 떠올린 다음 진로에 맞춰 의문을 다듬어 보자. ●

먼저 의문을,
학과는 응용하기

횡단보도 형태 의문은 같아도 학과에 따라 주제는 달라진다.

- 심리학: 형태를 바꾸면 심리에도 변화가?
- 사회학: 형태를 바꾸면 사회적 행동에 변화가?
- 행정학: 형태에 따라 행정 지출액의 차이가?
- 디자인학: 공공디자인의 효과에 차이가?
- 의학: 형태에 따라 운전자 스트레스 차이가?
- 교통공학: 형태에 따라 운전자 시인성 차이가?

진로 맞춤 주제는
팀의 도움을 받는다

진로와 어울리는 주제로 고민하는 학생은 이과보다는 문과 학생이 압도적으로 많다. 이과 학생들은 주로 실험 중심의 주제를 생각하다 보니 처음부터 '어떤 물질을 대상으로 실험을 해서 어떤 결과를 알아보고 싶다.'는 비교적 구체적인 '무엇' 중심의 의문을 가져오고, 그 물질이나 결과가 정확히 진로와 딱 맞지 않아도 '이과 실험'이라는 큰 영역에서는 어울리는 것이라 크게 고민하지 않아도 된다.

하지만 문과는 사정이 다르다. 문과 학생들이 진로에 맞는 주제를 선정할 때 고민이 많은 이유는 2가지다.

하나는 문과 학생은 2학년 2학기가 되어도 자신의 진로를 '난 심리학' '난 경영학' 등으로 명확하게 결정하지 않는 경향이 있기 때문이다. 3학년 2학기가 되어서야 성적을 고려해서 학과를 정하려는 학생도 많다. 이런 상황에서 경영학으로 주제를 맞췄다가 다른 학과로 진로를 변경하게 되면 어쩌나 걱정하는 학생도 있다.

먼저 자신의 진로를 결정한 다음에 탐구활동 주제를 정해야 한다고 생각하고 주저하다 보니 구체성이 전혀 없는 두루뭉술한 의문을 가져오는 학생이 대다수다. 두루뭉술한 주제란 모든 학과에 다 걸칠 수 있는 커다란 의문을 말한다. 환경보호, 사회적 정의, 저출생 문제, 국제 분쟁 등의 사회적 이슈와 관련된 의문들이다.

두 번째는 문과 학과들은 연구 영역이 서로 겹치는 경우가 많다는 점이다. 사회학이나 경영학, 심리학은 학문적 영역이나 내용이 서로 겹치는 부분이 많다. 국어국문학과 국어교육학 등도 그렇다. 역사를 다루는 사학도 역사교육학과 관련되기도 하고, 커뮤니케이션 관련 궁금증은 신문방송학, 콘텐츠학, 커뮤니케이션학, 사회학, 심리학, 언론정보학 등의 다양한 학과와 연결된다. 문제는 고등학교 학생들은 아직 각 학과에 대한 정보와 지식이 많지 않기 때문에 어떤 주제가 어떤 학과에 적절한 것인지 판단하기 어렵다는 점이다.

예를 들어, '청소년의 학습 집중력'을 다루는 주제는 교육학과만 이어야 한다고 생각하는 학생들이 있다. '학습'이라는 단어가 들어갔기 때문이다. 하지만 학습 집중력은 사회학, 심리학에서도 다룰 수 있는 내용이다.

'광고'에 관심이 있는 학생은 경영학과에 진학해야 한다고 생각하기도 한다. 광고는 심리학에도 광고심리학이란 분야가 있고, 행정과 관련된 광고 연구라면 행정학과에서 다룰 수 있고, 커뮤니케이션이나 언론정보학에서도 당연히 광고를 핵심적인 연구 대상으로 삼고 있지만 학생들은 그 사실을 잘 모르기 때문에 '광고=마케팅=경영학'이라는 좁은 틀에서 벗어나지 못한다. 그래서 자신은 평소 광고에 대한 의문을 가지고 있는데 진학하려는 학과가 사회학과라서 광고에 대한 관심은 버려야 한다고 생각하기도 한다.

그래서 처음 떠올렸던 의문을 진로 맞춤형 의문으로 다듬는 데는 학생 혼자의 힘으로는 벅차다. 이때 필요한 것이 주변의 도움인데 이는 2가지 방법으로 해결할 수 있다.

하나는 탐구활동을 처음부터 혼자서 계획하여 진행하지 않고 팀을 이루어서 하는 방법이다. 실제로 2~4명의 규모로 팀을 짜서 탐구활동 프로그램을 운영하는 학교가 많은데, 팀을 짜서 진행할 때의 장점은 다음과 같다.

1. 넓은 시야의 주제

진로가 아직 명확히 결정되지 않은 상황에서는 비슷한 영역의 학과에 적용될 수 있는 넓은 시야의 주제가 더 적절할 수 있다. 넓은 시야의 주제란 구체적인 의문이지만 여러 학과에 걸쳐 적용할 수 있는 주제를 말한다.

예를 들어, 한 학생이 화장품 광고를 보다 보니 그냥 일반인이 나오는 광고도 있고, 피부미용 전문가나 피부과 의사가 나오는 광고도 있었다. 똑같은 상품이라도 "상품 광고에 전문가(의사)와 일반인(소비자)이 각각 나올 때, 사람들은 각 광고에 나온 상품을 믿고 사고 싶어 하는 마음이 다를까?"가 궁금해서 광고 모델 유형에 따른 광고 효과 차이를 조사한다고 해 보자. 이 연구는 앞서 말한 광고와 관련된 모든 학과인 경영학, 심리학, 사회학, 커뮤니케이션학, 언론정보학, 콘텐츠학 등에 다 적절한 의문과 주제가 된다. 한 사람보다는 두 사람 이상이 여러 아이디어를 내다 보면 일단 의문이 다양해지고, 다양한 의문 중 각자의 진로에 맞게 의문을 다듬는 것이 혼자인 경우보다는 쉽다.

2. 격려와 협력

팀으로 탐구활동을 하면 지치고 힘들 때 서로 의지하고 협력하면서 끝까지 마무리 지을 수 있다. 개인별로 탐구활동을 하면 도중에 포기하는 학생도 있지만, 팀으로 진행하는 경우에는 그런 일이 거의 없다. 특히 탐구활동 도중에 한 명이 아프거나 사정이 생겨서 잠깐 동안 활동을 할 수 없게 되더라도 나머지 팀원이 해결해 줄 수 있어서 중도 포기를 하지 않게 된다.

3. 역할 분담의 필요성

실험의 경우에는 실험물 준비부터 많은 시간이 들고, 때로는 비용이 발생하기도 한다. 혼자서 한다면 이를 감당하기 힘들지만 여러 명이 나누어서 하면 시간과 비용을 분담할 수 있다. 2~4주 정도 진행하는 실험일 경우에는 수시로 실험 과정을 점검해야 하는데, 공부 시간을 할애하기 힘들 때 역할을 분담하기에도 좋다.

4. 원활한 담당 교사의 지도

탐구활동도 교육의 일환이니 선생님이 지도와 조언을 해 주어야 한다. 만일 개인별 진행이라면 한 명의 선생님이 담당해야 할 학생의 수가 늘어나서 곤란하다. 팀이라면 비교적 다수의 학생을 한 번에 지도할 수 있으니 지도에 대한 부담을 덜게 된다.

　진로에 맞는 주제 고민을 해결하는 두 번째 방법은 주변 어른의 도움을 받는 방법이다. 가장 좋은 것은 학교 선생님들과 이야기를 나누면서 처음 가진 의문을 자신의 진로에 맞게 구체적으로 바꾸어 나가는 방법이다. 각 학교에는 탐구활동 프로그램을 담당하는 선생님은 물론, 각 교과목 선생님들이 학생들의 탐구활동을 도와주고 있다. 문과 학생이라면 사회 과목 선생님에게, 이과 학생이라면 생물이나 화학 과목 선생님과 충분히 이야기를 나누어야 한다.

　필요하다면 학교 선생님뿐 아니라 부모님이나 형제자매, 지인들에게 조언을 부탁하는 것도 좋다. 대학교나 대학원을 졸업한 주변인에게 진로 학과에 대한 정보도 얻고, 의문을 진로에 맞추어서 발전시키는 데 도움을 얻을 수 있다.

　이때 주의해야 할 것은 주변인이 지나치게 개입하는 것은 경계해야 한다는 점이다. 아톰이 만나 본 한 학생의 경우 박사논문을 쓰고 있는 친척에게 탐구활동을 도와 달라고 부탁했더니 학위논문에서 하는 방식으로 설문조사를 하고 통계 검증까지 해서 놀란 적이 있다.

　통계 검증 내용을 보면 대학원생이 아니면 다루기 힘든 것이었고, 설문조사도 해당 학문 분야의 연구자가 아니면 하기 힘든 것이어서 자세히 물어보니 그 친척과 함께 탐구보고서를 썼다고 고백했다. 이런 탐구보고서는 수준은 높을지 모르겠지만, 대학 입학사정관이라면 생기부에 기재된 제목과 간단한 내용만 읽어 보고도 고등학생이 쓸 수 없는 것이라 누군가 대신 써 주었다고 판단할 수 있다. 더욱이 대입 면접에서 탐구활동 관련 질문을 받으면 학생이 대답을 못 할 수 있으며, 오히려 입시에 역효과가 발생한다. 도움을 받긴 하지만 어디까지나 지원의 범위에서 그쳐야 한다. ●

주제 확정을 위해
분석 대상과 분석 목적으로 나눠 보자

적절한 탐구활동의 의문 형식인 실태와 인식, 영향(효과), 관계, 차이를 강조하는 구체적 의문으로 바꾸었고, 그 의문이 자신의 진로에 적합한 것이라면 더는 의문을 바꾸지 않는 것이 좋다. 남은 것은 이제 이 의문을 탐구활동의 주제로 확정하고 제목을 만드는 작업이다.

주제와 의문은 다르다. 의문은 그야말로 순수하게 궁금한 내용을 그냥 일상적인 언어로 말하는 것이다. 그러니까 "횡단보도 형태가 다르다면 운전자의 시인성은 정말 차이가 있을까?"는 의문이지 주제가 될 수 없다. 주제는 〈횡단보도 형태에 따른 운전자 시인성의 차이 조사〉여야 한다. 그런데 이 주제는 사실 탐구활동의 제목이며 탐구보고서의 제목이기도 한다.

의문은 그야말로 의문형의 궁금증일 뿐이다. 처음 의문을 품을 때는 '왜 횡단보도는 얼룩말 무늬일까?' '얼룩말 무늬 말고 다르게 그리는 방법은 없을까?' '얼룩말 무늬 말고 다르게 그린다면 운전자의 눈에 잘 띌까?'와 같은 정말 일상적인 용어를 사용하는 의문문이었다.

하지만 탐구활동 주제가 되려면 조금은 학술적인 느낌이 나야 한다. 과학적 탐구이기 때문이다. 그래서 전문적 용어인 '시인성'이라는 단어도 들어가고, '다르게 칠하는 방법'을 '형태'라는 명사로 정리했다. 탐구활동 주제를 이렇게 간략한 명사형과 학술적으로 사용되는 용어로 정리하는 이유는 대학 입학사정관이 생기부에 기재된 제목을 보고 학생의 단순한 호기심을 풀어낸 탐구활동이 아니라 학문적인 연구라는 느낌을 받도록 하기 위함이다.

주제를 확정하는 방법은 우선 구체적인 의문 내용을 **분석 대상**(탐구 대상)과 **분석 목적**(탐구 목적)으로 나누는 작업으로 시작된다. 분석은 과학의 기본인 '구체적으로 나누어 자세히 살피기'를 뜻하는 말이라 생각하면 된다. '분석 대상'은 말 그대로 나누어서 자세히 살펴볼 대상을 말하며, '분석 목적'은 왜 대상을 자세히 살피는지 그 이유를 말한다. 그러니 어느 것을 탐구의 대상으로 삼아서, 어떤 목적으로 탐구를 하는가를 나눈다는 말이다.

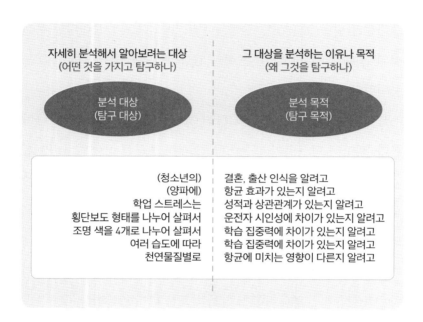

그런데 여기서 주의할 것이 있다. 의문에 따라서 분석 목적은 분명한데 분석 대상이 존재하지 않는 경우도 있기 때문이다. 횡단보도의 선을 실선형, 점선형, 얼룩말형으로 나누어 살펴보려고 할 때는 '무언가를 나누어서 살펴보려는' 대상이 바로 '횡단보도 형태'임을 알 수 있다. 각 형태를 나누어 살펴서 운전자의 시인성에 차이가 있는지가 궁금한 것이 의문이니 탐구활동으로 밝히려는 '운전

자 시인성 차이'가 분석 목적이 된다. 이런 경우는 분석 대상과 분석 목적이 아주 분명하다.

그런데 실태와 인식을 탐구하는 〈청소년의 결혼 인식 조사〉의 경우 분석 대상이 '청소년'이고, 분석 목적이 '결혼 인식'이라고 생각하는 학생이 많은데 잘못된 표현이다. 정확히 말하면 '청소년'은 분석 대상이기보다는 설문 응답자 또는 피험자에 해당한다. '청소년'을 분석하는 게 아니라 '청소년의 인식'을 분석하는 것이기 때문에 분석 대상에 '청소년의 결혼 인식'을 넣는 것이 맞겠지만, 그렇게 하면 '청소년의 결혼 인식'이 어떤지 알려고 하는 분석 목적과 분석 대상이 같아지는 상황이 발생한다.

하나의 대상인 양파를 가지고 항균 효과가 있는지 확인하는 효과·영향 탐구도 마찬가지다. 나누어 살피려는 정확한 분석 대상은 '양파' 자체가 아니라 '양파의 어떠어떠한 성분'일 것이다. 그래서 만일 〈양파 성분별 항균 효과 차이에 대한 연구〉라면 분석 대상은 '양파 성분'이고, 분석 목적은 '성분별 항균 효과 차이'가 되겠지만, 그냥 양파에 항균 효과가 있는지 없는지를 알아보려는 것이라면 나누어 살필, 다시 말해 분석할 대상이 구체적으로 없으니 굳이 분석 대상과 목적을 나눌 필요가 없다.

하지만 관계나 차이를 탐구하려는 의문은 반드시 분석 대상과 목적이 존재한다. 쉽게 생각하면 2개 이상의 '무엇의 차이'와 2개 이상의 '무엇의 관계'를 다루려면 분석 대상과 목적이 있다고 생각하면 쉽다. 이런 차이와 관계의 의문에서 분석 대상과 목적을 명확히 구분할 줄 알아야 탐구활동 주제와 제목도 간략하고 명확하게 확정할 수 있다.

몇 년 전 아톰의 첫 탐구보고서 강의 때 경험을 사례로 분석 대상과 목적의 구분을 설명하면 이해하기 쉬울 것이다. 강의가 끝나고 궁금한 것을 질문하라고 하니 한 여학생이 슬며시 손을 들고 이렇게 물었다.

"전 궂은 날씨일 때는 공부하기가 싫어지는데 이런 것도 탐구활동 주제가 될 수 있을까요? 다른 학생도 그런 건지, 저만 그런 건지 알고 싶어요."

그러자 주위에 앉은 학생들이 "야~ 그게 무슨 주제가 되냐?"라며 웃으니, 여학생이 쑥스러운 얼굴을 하면서 덧붙였다. "역시 안 되겠죠?"

어떤가? 이 학생의 의문은 탐구활동으로 할 만큼 구체적이며 명확한가? 그렇지는 않다. 아직은 초기의 의문에 머물고 있다. 하지만 아톰은 이런 의문을 가지고 질문을 해 준 여학생을 칭찬해 주었다. 주변 학생들은 왜 칭찬을 하는지 어리둥절한 표정이었다.

여학생은 자신의 일상에서 의문을 찾아냈다. 사회적 이슈를 말하지도 않았고, 강의가 끝나고 인터넷과 책을 뒤져서 의문을 억지로 만들어 내지도 않았다. 일상에서 작은 의문 갖기는 성공한 셈이다. 하지만 이 의문은 전혀 구체적이지 않다. 이 의문 그대로는 주제가 될 수 없어 탐구활동을 할 수 없다. 그래서 의문을 구체적으로 다듬어 나가기 위해 분석 대상을 무엇으로 할 것이고, 분석 목적은 또 무엇으로 할 것인지를 중심으로 학생과 이야기를 나누었다.

"그런데 궂은 날씨라는 게 어떤 날씨를 말하는 거죠? 햇빛이 많이 들지 않는 흐린 날을 말하나요, 아니면 비가 오거나 해서 습한 날씨를 말하나요, 아니면 바람이 많이 부는 날씨를 말하나요?"

"아, 저는 다른 것보다는 습한 날씨일 때 공부하기 싫어지는 것 같아요."

궂은 날씨는 하나의 무엇이라는 명사로 표현하기 힘들다. 그래서 햇빛의 조도, 바람의 풍향과 풍속, 습기 등으로 일단 나눈 다음 구체적으로 무엇을 분석 대상으로 삼을지 정해야 한다. 학생이 습한 날씨라고 하니 '습도'가 분석 대상에 해당하는 무엇이다. 그러니까 학생은 '습도가 높을 때(80%), 중간일 때(50%), 낮을 때(15%) 등으로 나누어서 이때 공부하기 싫은 기분이 다를까?'가 궁금하다는 말이니 '공부하기 싫은 기분에 차이가 생길까?'가 바로 분석 목적이다.

그런데 '공부하기 싫은 기분'이라는 표현은 너무 길다. 무엇으로 표현하려면 간략한 명사이면서 학문적인 용어를 사용하는 것이 좋다. 여기에 어울리는 용어로 '학습 의욕'이라는 단어가 있다. 교육학이나 심리학에서 사용하는 단어로 '자기 스스로 학습활동을 하고 또 수행하려는 의욕을 말하며, 학교에서 가르쳐 주는 내용이나 자기가 학습해야 할 일을 스스로 탐구하려는 자세'라고 정의한다. 공부하기 싫은 기분을 인터넷에 검색하면 적절한 용어를 찾기가 쉽지 않다. 그런데 선생님들은 모두 교육학과를 졸업해서 학습 의욕이라는 단어를 알고 있을 테니 이럴 땐 선생님에게 어떤 용어를 사용하면 좋은지 조언을 받으면 해결된다. 아톰은 이미 알고 있는 용어이니 학생에게 이렇게 말해 주었다.

"그러니까 '습도'에 따라서 '학습 의욕'에 차이가 있는지 알고 싶다는 거죠?"

학생이 크게 고개를 끄떡인다.

"그렇다면 주제는 〈습도에 따른 학습 의욕의 차이 조사〉라고 하면 되겠네요."

아톰이 주제를 단숨에 말해 주자 주변 학생들도 "오호~"하며 탄성을 질렀다. 이 학생의 주제는 대학생, 초등학생의 학습 의욕을 조사하는 것이 아니라 고등학생에 대한 조사이니 '청소년'이나 '고등학생'을 넣으면 더 명확하게 표현할 수 있다. 그럼 〈습도에 따른 청소년의 학습 의욕 차이 조사〉라고 주제를 확정할 수 있다.

이 사례처럼 뭔가의 차이를 알아보고 싶은 주제를 확정할 때는 〈'분석 대상'에 따른 '분석 목적'의 조사〉라고 표현하면 된다. 횡단보도 탐구활동 사례라면 〈횡단보도의 형태(분석 대상)에 따른 운전자 시인성의 차이(분석 목적) 조사〉라는 주제로 표현되고, 〈조명의 색온도(분석 대상)에 따른 학습 집중력 차이(분석 목적) 조사〉도 마찬가지다. 〈천연 물질(분석 대상)별 손 세균의 항균 효과 차이(분석 목적) 조사: 생강, 마늘, 양파, 깻잎을 중심으로〉는 생강, 마늘, 양파, 깻잎을 모두 열거하면 제목이 길어질 수 있어서 생강, 마늘, 양파, 깻잎을 아우르는 '천연 물질'이라는 카테고리 이름을 제목에 넣고 실제 조사한 대상이 생강, 마늘, 양파, 깻잎임을 부제에서 밝힌 것이다. ●

의문 형식에 따라 오는
4가지 주제 표현

탐구활동에 적절한 의문 형식이 크게 실태와 인식, 효과·영향, 관계, 차이의 4가지로 구분되는 것처럼 의문 형식에 따라 주제 표현도 4가지의 표준형이 있다.

1. 분석 목적의 조사 / 분석 목적에 대한 조사

실태와 인식, 현상의 의문 형식 ①의 주제 표현은 분석 대상이 포함되지 않으니 분석 목적만 넣어서 〈분석 목적의 조사〉가 된다. 예를 들어, '공공장소에서 반려동물을 산책시키는 것에 대해 사람들은 어떻게 생각할까?'라는 의문은 〈공공장소 반려동물 산책에 대한 인식 조사〉라고 하면 된다. 분석 목적이 '공공장소 반려동물 산책에 대한 인식'이니 그냥 분석 목적을 쓰기만 하면 된다. 청소년에게 설문조사를 실시한다면 〈청소년의 공공장소 반려동물 산책에 대한 인식 조사〉가 된다.

2. 분석 대상의 분석 목적 영향(효과) 조사 / 분석 대상이 분석 목적에 미치는 영향(효과) 조사

이 주제 표현은 의문 형식 ②의 분석 대상이 분석 목적에 영향을 미치는지 또는 효과가 있는지를 조사하는 탐구활동을 말한다. 〈파도의 백색소음이 학습 집중력에 미치는 영향 조사〉는 파도가 만들어 내는 백색소음이 과연 학습 집중력에 영향을 미치는지를 파악하기 위한 탐구활동의 주제 표현이다. 〈양파의 구강 세균 항균 효과 조사〉는 양파가 구강 세균에 미치는 항균 효과를 알아보려는 탐구활동의 주제이다.

3. 분석 대상과 분석 목적의 상관관계 조사 / 분석 대상과 분석 목적의 관계 조사

이 형식은 관계를 살펴보는 의문 형식 ③에 대응하는 주제 표현이다. 보통은 상관관계를 구하는 경우가 많으나 그저 관계를 파악하고자 하는 경우도 있으니 '상관관계'와 '관계'라는 단어를 구분해서 사용하면 된다. '학업 스트레스와 성적(학업성취도)의 상관관

계는 있는지? 있다면 어떤 양상인지?'를 다룬다면 〈학업 스트레스
와 학업성취도(성적)의 상관관계 조사〉라고 하면 된다.

4. 분석 대상에 따른 분석 목적의 조사 / 분석 대상별 분석 목적의 조사

차이를 의미하는 의문 형식 ④가 가장 많이 사용되니 자연스럽
게 이것도 가장 많이 사용되는 주제 표현이다. 분석 대상이 여럿으
로 구분되어 있을 때 사용한다. 빨간색, 파란색, 노란색, 하얀색 등
여러 조명 색 중에서 무엇이 학습 집중력을 높이는 데 가장 도움
이 되는지 궁금하다고 한다면, 분석 대상은 하나의 조명 색이 아니
라 사실은 빨간색, 파란색, 노란색, 하얀색으로 나누어진 조명 색
이다.

그래서 〈빨간색, 파란색, 노란색, 하얀색 등 조명 색의 학습 집중
력 차이 조사〉라고 해도 되지만 제목이 너무 길어지니 여러 색을
'조명 색'이라는 카테고리로 묶은 후에 〈조명 색에 따른 학습 집중
력 차이 조사〉라고 하는 것이다. 더 정확히 표현하고 싶다면 〈조명
색에 따른 학습 집중력 차이 조사: 빨간색, 파란색, 노란색, 하얀색
을 중심으로〉라고 부제를 넣으면 된다. 부제도 제목이니 길어지는
것은 마찬가지라고 생각할지도 모르는데, 부제는 어디까지나 이해
를 위해 설명을 덧붙이기 위한 것이니 이렇게 세분화된 대상을 이

야기할 때는 제목에 카테고리 이름을, 부제에는 세분화된 대상을 넣는 것으로 생각하면 된다. ●

4가지 의문 형식에 대응하는 거래!

대표적인 4가지 주제 표현
주제 표현은 그대로 제목이 되니 의문형식을 잘 보고 결정해야

① 실태와 인식: (분석 목적)의 조사
② 효과: (분석 대상)의 (분석 목적) 효과/영향 조사
③ 관계: (분석 대상)과 (분석 목적)의 상관관계 조사
④ 차이: (분석 대상)에 따른 (분석 목적)의 조사

탐구 모형과 탐구 가설에
도전해 보자

탐구 모형 만들기

탐구 모형과 탐구 가설은 탐구활동과 탐구보고서에 꼭 필요한 것은 아니지만, 마련해 두면 자신이 어떤 탐구를 했는지 명확하고 간략하게 설명할 수 있고, 생기부에 기재할 때 가설을 적어 주면 평가에 도움이 된다.

탐구 모형은 탐구활동을 간략하게 도형화한 설계도 같은 것이다. 설계도가 머리가 있으면 집을 지을 때 혼돈이 없는 것처럼 확실한 탐구 모형을 그릴 수 있다면 자신의 탐구활동을 이해하는 데 큰 도움이 된다. 사실 분석 대상과 분석 목적을 명확히 이해했다면 탐구 모형은 그저 동그라미 안에 분석 대상과 분석 목적을 넣기만 하면 되는 것이라 상당히 쉽게 그릴 수 있다.

　탐구 모형은 우선 동그라미 2개를 그린 다음, 두 동그라미를 선으로 이어 주면 된다. 앞의 동그라미에는 분석 대상을 넣고, 뒤 동그라미에는 분석 목적을 넣으면 된다. 그런데 탐구 모형은 의문과 주제에 따라 조금씩 다르다.

1. 실태와 인식 탐구 모형

　실태와 인식을 탐구하는 주제는 앞에서 분석 대상과 분석 목적이 동일하다고 했으니 2개의 동그라미를 구성하기 힘들다. 그래서 실태와 인식을 조사하는 궁극적 목적인 '시사점 도출'을 뒤의 목적 동그라미에 넣는 식으로 모형을 그리면 된다.

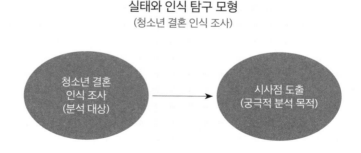

실태와 인식 탐구 모형
(청소년 결혼 인식 조사)

청소년 결혼
인식 조사
(분석 대상)

→

시사점 도출
(궁극적 분석 목적)

2. 효과·영향 탐구 모형

효과·영향을 탐구하는 주제는 비록 나누어지는 분석 대상은 아니지만, 그렇다고 그냥 동그라미 안에 넣어도 문제는 되지 않으니 그대로 살리면 된다. 〈양파 항균 효과 조사〉의 뒤 동그라미에는 '항균 효과'도 좋고 '항균 효과 여부'라고 해도 괜찮다. 모형은 이미 어떤 효과와 영향이 있는가의 여부를 다룰지, 차이를 다룰지, 관계를 다룰지를 밝힌 상태에서 설계도를 그리는 것이라 여부, 차이, 관계는 생략해도 된다.

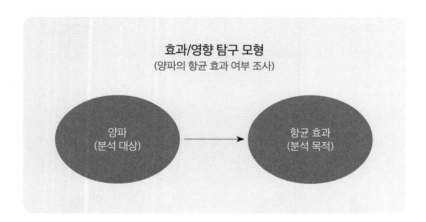

3. 차이 탐구 모형

차이를 탐구하는 주제는 기본형이라 할 수 있다. 앞의 동그라미에는 나누어진 대상의 카테고리 이름을 쓰는 것에만 주의하자. 혹시 분석 대상이 2개 이상이거나 분석 목적이 2개 이상이라도 그냥 무엇의 명사를 넣어 주면 된다. LED 등은 색온도에 따라 전구색, 주광색, 주백색으로 나눠지는데 각 색온도에 따라 학습 집중력과 눈의 피로도가 어떻게 차이를 보이는지 알고 싶다면 뒤 동그라미 (분석 목적)에 2개를 같이 넣으면 된다. 뒤 동그라미에 '차이'를 넣어도 좋다.

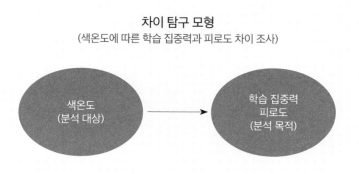

차이 탐구 모형
(색온도에 따른 학습 집중력과 피로도 차이 조사)

색온도
(분석 대상)

학습 집중력
피로도
(분석 목적)

4. 관계 탐구 모형

상관관계와 관계를 탐구하는 주제는 2개의 무엇을 앞과 뒤에 넣으면 되는데, 다른 모형과의 차이는 화살표가 일방향이 아닌 쌍방향이라는 점이다. 인과관계라면 앞에서 뒤로 가는 화살표이겠지만, 영향을 미치는 방향이 앞에서 뒤로뿐만 아니라 뒤에서 앞으로도 가능한 상관관계를 탐구하기 때문이다. 만일 2개 이상의 상관관계를 탐구하는 주제라면 별도로 동그라미가 추가되는 것도 다른 모형과의 차이점이다. 청소년의 SNS 이용 시간이 학습 집중력과 SNS 중독 경향성, 이렇게 2개와 어떤 상관관계가 있는지 궁금하면 뒤 동그라미를 2개 만들어야 한다.

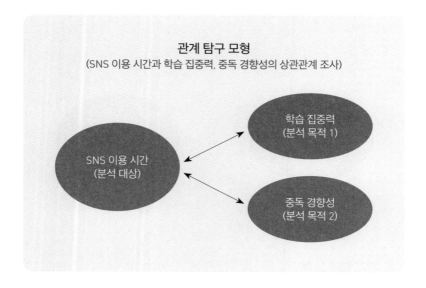

관계 탐구 모형
(SNS 이용 시간과 학습 집중력, 중독 경향성의 상관관계 조사)

위의 탐구 모형 형식이 아니라 이것저것 다른 형식의 모형을 넣는 학생들도 있는데 이런 경우는 탐구 모형을 이해하지 못했기 때문이다. 탐구 모형은 연구자들이 논문을 쓸 때 사용하는 연구 모형(research model)의 기본을 가져온 것이어서 과학적 사고법을 제대로 구사할 수 있는가를 가장 뚜렷하게 보여 줄 수 있는 도구이기도 하다.

탐구 가설 만들기

탐구 가설은 고등학교 과정에서도 배우는 가설과 동일하니 가설이라고만 표현해도 된다. 전문가의 논문에서는 '연구가설'이라고 부른다. 가설은 앞서 다루었던 분석 대상과 분석 목적을 다시 사용하면 쉽게 구성할 수 있다. 가설을 만들려면 '변수' 또는 '변인'이라고 부르는 것이 들어가는데, 고등학교 2학년 과정에서 배우는 것이다. 간혹 문과 학생은 모르고 있는 경우가 많은데, 현재 모든 학문에서는 변수 또는 변인을 활용하는 연구를 하고 있으니 이 기회에 알아 두길 바란다.

변인 또는 변수로 번역되는 영어의 'variables'를 아톰은 변인보다는 변수로 이해하는 것이 더 쉽고 도움이 된다고 생각한다. 변수는 그야말로 '변하는 숫자' 또는 '하나로 고정되지 않은 숫자'를 의미하기 때문이다. 앞서 우리가 많이 다루었던 분석 대상이든 분석 목적이든 '무엇'에 해당하는 것들은 대부분 숫자로 표현된다. 습도, 온도, 미세먼지 농도처럼 '~도, ~치, ~수치, ~량'은 모두 숫자를 의미한다. 그럼 '횡단보도 형태'나 '조명 색'은? 앞서 말했지만 이들 카테고리 이름은 세분화된 점선, 실선, 얼룩말 무늬이거나 빨간색, 파란색, 노란색, 하얀색으로 구분되는 것들이다. 그럼 이런 것들은 수로 표현할 수 없으니 변수라고 부를 수 없는 걸까?

전문 영역에서 과학적 연구는 최종적으로 통계를 활용한 분석을 통해 '진짜 차이가 있는지?' '진짜 관계가 있는지?' '진짜 영향이 있는지?'를 알아보는 '검증(test)'이라는 것을 한다. 이 책을 읽는 여러분도 대학교와 대학원에 진학하면 배우는 것이지만, 통계는 기본적으로 숫자를 처리하는 것이기 때문에 세상 모든 것을 숫자로 인식하고, 그 숫자를 분석한다. 그러니 우리가 카테고리로 나누어 놓는 것도 통계는 숫자로 구분하여 인식한다고 생각하면 된다.

예를 들어 흔히 남성은 (1), 여성은 (2)라고 설문조사를 하는 것처럼 말이다. 구분하고 싶은 것에 이름과 같은 언어 대신에 숫자를 부여하면 되는 셈이다. 빨간색에 (1), 파란색에 (2), 노란색에 (3), 하얀색에 (4)라는 숫자를 부여하여 1~4의 숫자 간에 학습 집중력의 차이를 알아보고, 점선에 (1), 실선에 (2), 얼룩말 무늬에 (3)의 숫자를 부여하고 1~3의 숫자 간에 운전자 시인성에 차이가 있는지 알아보는 것이다. 구분하는 것들 각각에 다른(variables) 숫자를 부여해야 하며, 같은 숫자를 부여해서는 안 된다. 결국, 변수란 숫자의 세계로 변화될 수 있는 무엇을 의미한다고 보면 된다.

  가설에서 변수는 크게 '독립변수'와 '종속변수'를 사용한다. 단어의 의미를 풀어 보려고 애쓰지 말고 아주 간단하게 생각하면 우리가 탐구 모형의 앞 동그라미에 넣은 것이 독립변수에 해당하고, 뒷 동그라미에 넣은 것이 종속변수에 해당한다. 즉 독립변수와 종속변수를 표현한 것이 모형이다.

  그런데 모든 탐구 모형의 동그라미 안 명사가 변수가 될 수는 없다. 앞서 실태와 인식의 탐구는 분석 대상과 목적이 동일하고, 모형도 궁극적 목적의 시사점 도출을 사용했던 것을 떠올려 보자. 이 모형에서 시사점 도출은 가상의 목적이기 때문에 변수의 역할을 할 수 없다. 그래서 실태와 인식 탐구에서는 모형을 넣지 않아도 되는 것이며, 가설을 만들기 위해 현상을 조사하는 기반적 탐구활동이라고 보면 된다.

실태와 인식 탐구 이외의 효과/영향, 차이, 관계의 탐구 모형에서 동그라미 안에 들어가는 것은 모두 변수가 된다. 그리고 이 변수를 문장으로 만들면 가설이 된다. 모형의 동그라미에는 '여부(있다, 없다)', '차이', '상관관계'라는 것을 굳이 넣지 않아도 되지만 가설에는 반드시 들어가야 한다.

앞 동그라미에 양파, 뒤 동그라미에 항균 효과가 들어가는 〈양파의 구강 세균 항균 효과 조사〉가 주제라면 가설은 "양파는 구강 세균 항균 효과가 있을 것이다."라고 하면 된다. 상관관계 탐구라면 "학업 스트레스와 학업성취도는 상관관계가 있을 것이다."라고 하면 된다. 차이를 파악하려고 앞 동그라미에는 조명 색(빨간색, 파란색, 노란색, 하얀색)이, 뒤 동그라미에는 학습 집중력이 들어가 있다면 탐구 가설은 "조명 색에 따라 학습 집중력은 차이가 있을 것이다."라고 하면 된다. 아마 눈치가 빠른 사람은 이미 알았겠지만 앞서 말한 〈조명 색에 따른 학습 집중력 차이 조사〉라는 주제 표현을 문장처럼 만든 것뿐이다. 아직 확정되지 않은 가설이니 '~을 것이다'라고 표현하는 것도 주의하자.

학생들이 쓰는 탐구활동의 가설은 대부분 독립변수가 하나, 종속변수가 하나인 모형이니 가설도 하나겠지만, 만일 앞이나 뒤 동그라미에 들어가는 변수가 2개라면 가설은 2개가 된다. 예를 들어, 〈학습 시 조명의 색온도에 따른 학습 집중력과 피로도 조사〉라면 앞 동그라미에 색온도, 뒤 동그라미에는 학습 집중력과 피로도가 들어가니 "가설 1 : 색온도에 따라 학습 집중력은 차이가 있을 것이다."와 "가설 2 : 색온도에 따라 피로도는 차이가 있을 것이다."의 2가지 가설을 설정해야 한다. 〈청소년 SNS 이용 시간에 따른 학습 집중력과 중독 경향성의 상관관계 조사〉라면 "가설 1 : SNS 이용 시간과 학습 집중력은 상관관계가 있을 것이다."와 "가설 2 : SNS 이용 시간과 중독 경향성은 상관관계가 있을 것이다."라는 2개의 가설이 성립한다.

가설은 모형을 보면 쉽게 유추할 수 있으니 주제에서 분석 대상

횡단보도 형태의 운전자 시인성 차이 조사

분석 대상/목적 분리

대상: **횡단보도 형태**
　　(점선형, 실선형,
　　얼룩말형)

목적: 운전자 시인성
　　차이

탐구 모형

횡단
보도
형태 → 운전자
시인성
차이

탐구 가설

"횡단보도
형태에 따라
운전자 시인성에
차이가
있을 것이다."

과 분석 목적을 명확히 구분할 수 있다면 모형과 가설은 특별히 고민할 필요가 없이 자동으로 만들어지는 것이라 보면 된다.

탐구 모형과 탐구 가설은 모두 분석 대상과 분석 목적을 잘 구분하면 쉽게 만들 수 있으니 꼭 도전해서 만들어 보도록 하자. 대입면접에서 가설을 물어볼 수도 있으니 대비할 필요도 있다. 물론 탐구활동에 가설이 필수적인 건 아니니 여유가 되지 않는다면 과감히 건너뛰어도 상관없다. ●

제목은 주제를
그대로 가져오기

구체적 의문을 만들고 주제를 확정하고, 모형과 가설까지 세웠다면 이제 남은 것은 탐구활동과 탐구보고서의 제목을 정하는 것뿐이다. 사실 다른 것보다 제목이 가장 중요한데, 생기부에는 탐구활동 또는 탐구보고서의 제목과 2~3줄로 탐구 목적, 과정, 결과를 아주 간략하게 담아야 해서 어떤 탐구활동을 했는지 한눈에 보여 줄 수 있는 것이 제목이기 때문이다.

제목은 대학 입학사정관이 이해하기 쉬워야 한다. 책을 고를 때 제목이 책 내용을 반영하고 있으면 쉽게 원하는 책을 고를 수 있지만, 반대로 그렇지 않으면 책을 읽어 봐야만 해서 시간과 노력이 들어간다. 대학 입학사정관이 생기부에 쓰인 글을 보고 평가하는 시간은 몇 초에서 몇 분 정도인데, 이 시간에 학생은 자신이 어떤 탐구활동을 했는지 효과적으로 전달해야 한다.

그래서 제목은 대학 입학사정관이 이해하기 쉽도록 논문이나 연구보고서의 제목과 유사하게 설정하는 것이 좋다. 학문 분야의 연구에서는 독립변수와 종속변수를 이용하여 논문이나 연구보고서의 제목을 만드는데, 분석 대상과 분석 목적으로 탐구활동 주제를 만들었던 방법과 동일하니 익숙한 형식이다. 그래서 탐구활동 제목은 앞서 주제 표현에서 다루었던 탐구활동 주제를 그대로 가져와서 사용하는 것이 가장 좋다. 탐구활동 주제를 제대로 잡았다면 굳이 다른 제목을 만들지 말자.

주제와 조금 다르게 제목을 정하고 싶다면 〈~~조사〉에 '연구'라는 단어만 넣거나, 조사 대신 연구로 단어를 바꾸면 충분하다. 〈조명 색에 따른 학습 집중력 **차이 조사**〉는 〈조명 색에 따른 학습 집중력 **차이 조사 연구**〉라고 해도 좋고, 〈조명 색에 따른 학습 집중력 **차이 연구**〉라고 해도 좋다.

잘 만들어진 주제와 제목은 학생이 구분하여 살펴보는 과학적 사고법을 얼마나 잘 구사했는지를 한눈에 보여 준다. 만일 자신은 주제와 제목을 잘 만들었다고 생각했는데 다른 사람이 보았을 때 제목만으로는 어떤 것을 분석 대상으로 삼아 어떤 것을 알고 싶어

했는지 명확히 모르겠다고 하면 의문의 구체화 작업부터 다시 찬찬히 해 보는 것이 좋다.

분석 대상과 분석 목적을 잘 찾아내서 주제를 잘 잡아 놓고도 뭔가 제목은 조금 있어 보여야 한다는 생각에 주제와 다른 제목을 사용하는 경우도 있다. 예를 들어, 〈횡단보도 형태와 운전자 시인성 차이〉라는 주제를 잘 잡아 놓고도 〈국내 교통정책과 보행자 안전에 대한 연구〉라고 하는 경우가 그것이다. 물론 교통정책 안에 횡단보도 형태 규정이 있고, 보행자 안전의 범위에 횡단보도를 인식하는 운전자 시인성이 존재하겠지만 제목만 보고 이 학생이 어떤 연구를 했는지 쉽게 파악이 되지는 않는다.

학교 앞에서 전단지를 나누어 줄 때 무언가를 함께 끼워서 주면 학생들이 금방 버리지 않고 조금 더 눈여겨볼까를 알아보려고 〈번들 상품 종류에 따른 청소년의 전단지 광고 효과 차이 조사〉라고 주제를 잘 잡아 놓고도 더 그럴듯하게 보이고 싶어서 〈청소년 대상 마케팅 전략 분석 연구〉라고 하면 안 된다. 들려주는 음악의 박자에 따라 식물 성장에 차이가 있는지를 알아보는 주제를 다루면서 〈식물 성장 촉진을 유발하는 영향 요인 탐색 연구〉라고 마치 모든 요인을 조사한 것처럼 과장해서는 안 된다. 이런 제목을 생기부에서 읽게 된다면 대학 입학사정관은 학생이 어떤 탐구활동을 했는지 전

혀 감을 잡을 수 없으니 집요하게 질문하거나, 아예 평가 자체를 하지 않을지도 모른다. ●

탐구계획서를
작성하자

주제와 제목이 확정되었다면 탐구계획서를 작성하자. 탐구계획서는 어떤 과정으로 탐구활동을 진행할지 계획을 세우는 데도 도움이 되지만, 도움을 받아야 하는 선생님과 주변의 멘토에게 보여 주고 조언을 듣는 데도 꼭 필요하다.

탐구계획서에는 다음의 내용을 담는다.

1. 탐구 의문

처음에 탐구활동을 하려 했을 때 떠올렸던 의문을 쓴다.

2. 탐구 제목(주제)

분석 대상과 분석 목적이 담긴 제목을 쓴다.

3. 탐구 배경과 의의

탐구활동의 의문을 가지게 된 배경을 개인적 경험을 포함하여 쓴다. 탐구활동의 의의와 가치를 포함하여 어떤 목적에서 이 탐구활동을 하게 되었는지 쓴다. 탐구보고서의 목차 중 '탐구 배경과 목적'에 들어가는 기본 내용을 담아 본다.

4. 선행 연구/관련 자료

주제와 관련하여 찾아보았던 기사, 인터넷 사이트, 동영상, 책, 논문 등의 목록을 적어 넣는다. 여유가 있다면 간략한 내용을 적는다.

5. 탐구 모형/가설

분석 대상과 분석 목적을 동그라미에 넣고 선으로 연결한 모형을 그리고 가설을 쓴다.

6. 탐구 방법

실험을 한다면 필요한 실험 도구들을 모두 적고 실험 절차와 일정을 쓴다. 설문조사라면 설문 응답자는 누구로 할지, 몇 명으로 할지, 일정은 어떻게 할지, 구글폼을 이용할지 종이 설문지로 할지 등은 물론이고 대략적인 설문 문항도 담아야 한다. 다른 조사 방법도 되도록 자세하게 어떻게 조사할지를 적는다.

7. 의문 사항

탐구계획서를 쓰면서 의문이 드는 사항을 적는다. 선생님이나 멘토에게 할 질문을 정리해 두면 좋다.

탐구 의문	탐구를 하게 된 의문
탐구 제목	명사를 사용해서 긍정, 명제형으로

탐구 배경과 의의

자유롭게 하지만 너무 길지 않게, 주제를 생각하게 된 근거 포함.

선행 연구 검토

주제 검토 때 보았던 책, 보고서, 논문, 기사, 인터넷 사이트 등

탐구 모형

탐구 방법

조사 방법은 무엇인지(설문, 실험, 문헌 등)
어떻게 할 것인지(대상자, 인원수, 일정, 실험도구 및 방법 등)

의문 사항

주제 검토나 탐구계획서 작성 때 궁금했던 것

탐구계획서는 학교에서 프로그램을 운영할 때 제출을 요구할 수도 있는데, 위에서 제시한 항목과 내용이 다른 양식을 요구할 수도 있다.

아무리 찾아도 선행 연구와 관련 자료가 없다면서 한 줄도 쓰지 않고 제출하는 학생도 있는데, 구체적으로 의문을 다듬는 작업을 하지 않았기 때문에 생기는 결과이다. 처음 의문을 갖게 되었을 때 참고했던 기사나 영상이라도 목록에 담아야 한다. 종종 논문 사이트를 아무리 검색해 봐도 분석 대상과 분석 목적 모두가 언급된 논문이나 보고서가 없다면서 선행 연구가 없다고 불만을 토로하는 학생이 있기도 한데, 분석 대상과 분석 목적을 따로 검색해 보면 의외로 많은 논문을 찾을 수 있다. 본인의 주제와 딱 맞아떨어지는 선행 연구가 있다면 좋겠지만, 만일 이런 논문이나 보고서가 있다면 이미 전문가가 연구를 한 것이니 굳이 학생이 탐구활동을 하는 의미는 없을 것이다. 주제와 정확히 일치하는 선행 연구보다는 관련성 있는 논문이나 보고서를 찾아보는 것이 좋다.

탐구 모형과 가설을 담는 것이 어렵다면 선생님과 이야기해 보고 작성을 하거나 비워 두고 진행해도 상관없다. 보고서 작성까지 끝난 후에 모형을 넣기도 하지만, 가설은 진행 후에 넣기에는 곤란하다. 가설을 설정하지 않고 탐구활동을 진행하려고 생각한다면 탐구계획서에서 모형과 가설 항목은 빼고 작성하도록 하자.

　탐구 방법은 가능한 자세하고 꼼꼼하게 작성하는 것이 좋다. 특히 설문조사 문항은 보기 ①, ②, ③과 같은 선택지까지 들어가 있는 완성된 형태로 담아야 선생님과 함께 보면서 수정·보완해서 문항을 확정할 수 있다. 실험의 경우 실험 도구를 확보할 수 있는지를 확인해야 하니 필요한 도구라면 작은 것이라도 빠뜨리지 말고 적어 두는 것이 좋다. 실험 방법과 절차 등 과정을 세부적으로 적어야 시행착오를 하지 않으니 보고서나 논문을 참고해서 실험 과정을 적어 두고, 혹시 모르니 관련 과목 선생님께 보여 드리고 확인받아야 한다.

　탐구계획서를 써서 담당 선생님과 협의하여 내용이 확정된다면 이제 팀이나 개인별로 탐구활동을 진행하고 결과를 정리해서 탐구보고서를 작성하면 된다. 탐구계획서는 과학적 사고법을 얼마나 잘 활용했는가를 보여 주는 중간 결과물이다. ●

주제에 맞는
조사 방법
— 과학적 조사법

과학적 사고법과 함께 평가에서 중요한 요소가 과학적 조사법이다. 조사법은 어떤 방법을 활용해서 주제를 조사했는가, 다시 말해 분석 방법은 무엇인가를 말한다. 아무리 주제가 독특하고 창의적이고 과학적 사고법에 따라 선정했다고 해도, 주제를 풀어 나가는 조사가 전혀 과학적이지 않다면 탐구활동과 탐구보고서는 결코 좋은 평가를 받을 수 없다.

탐구활동에서 활용하는 과학적 조사법은 다양하게 있지만, 주로 사용되는 조사법은 문헌조사, 설문조사, 실험조사라 할 수 있다. 몇 년 전까지 많은 학생의 탐구보고서는 책이나 보고서 등의 문헌이나 인터넷 자료를 찾아서 인용하는 수준의 문헌조사만으로 채워지기도 했다. 활동에 초점을 맞추지 않고 보고서 쓰기에 초점을 맞춘 결과이다. 어떻게 하든지 보고서만 작성하면 된다는 생각에서 이런 보고서를 많이 썼던 것이다.

하지만 지금은 문헌조사만의 탐구활동으로는 높은 평가를 받기 어렵다. 그러니 문헌조사는 기본적으로 생각하고, 그 이외에 추가적으로 내용분석, 콘텐츠 분석, 관찰조사, 설문조사, 실험조사 등 자신의 주제를 풀어내기 적절한 조사 방법을 선택해서 활용하도록 하자.

조사, 설문조사, 실험…
뭐가 다른 거지?

'조사'는 쉽게 생각하면 '무언가를 알아보려고 하는 것'을 일컫는 말이다. 표본조사, 경향 조사, 현장 조사, 사회조사, 평가 조사, 사례조사 등 조사가 뒤에 붙는 단어들도 많이 사용된다. 이처럼 조사는 대상을 어느 정도 크기로 하느냐, 무엇을 대상으로 하느냐, 어떤 방법으로 하느냐 등에 따라 다양한 이름이 붙는다.

탐구활동에 가장 많이 사용되는 과학적 조사법은 설문조사와 실험조사라고 했는데, 두 조사도 모두 조사법의 한 방법일 뿐이다. 그런데 본인이 힘들게 조사를 했으면서도 자신이 한 조사 방법이 정확히 실험인지 설문인지 모르는 학생들이 많다.

예를 들어, 어떤 학생이 조명의 색온도에 따라 학습 집중력에 차이가 있을지 궁금해서 조사를 해 보았다. 조명은 색온도에 따라 주광색, 주백색, 전구색으로 나뉘는데, 3가지 색의 LED 조명 스탠드를 이용해서 같은 교실에서 조사를 진행했다. 교실의 학생들을 색온도별로 세 그룹으로 나누어 각 그룹은 주광색, 주백색, 전구색 스탠드 조명 아래에서 30분 동안 공통으로 주어진 학습과 관련된 책을 읽도록 했다. 그 후 15개 문항으로 구성된 학습 집중력 설문지를 가지고 설문조사를 실시했다. 그럼 이 학생의 조사 방법은 설문조사일까, 실험조사일까? 설문조사라고 생각하는 사람이 많겠지만 정답은 실험조사이다.

학생들은 흔히 구글폼이나 설문지를 활용하여 설문하는 조사라면 모두 설문조사라고 생각하는 경향이 있다. '설문 문항에 답하게 했으니 당연히 설문조사인 거 아닌가?'라고 생각하겠지만, 설문을 했던 이유는 결과값(데이터)을 얻기 위해서일 뿐이니 그 결과값을 얻기까지 무엇을 했는지 과정을 살펴보아야 정확하게 자신이 어떤 조사 방법을 활용했는지 판단할 수 있다.

이 학생은 피험자를 세 그룹으로 나누었다. 각 그룹의 학생들에게 각기 다른 색온도의 조명을 사용해서 책을 읽게 했다. 조사에 참가한 학생들은 평소에 이런 경험을 한 적이 없다. 누군가에 의해 의도적으로 그룹으로 나뉜 후 색이 다른 조명 밑에서 책을 읽으라고 지시를 받은 적은 없었을 것이다. 이렇게 일상적인 상황이 아닌 의도적으로 주어진 상황에서, 의도적으로 주어진 자극에 반응하도록 하는 조사 방법을 '실험(조사)'이라 부른다. 이과에서 주로 하는 실험도 평소에는 서로 떨어져 있던 A 물질과 B 물질을 비커에 넣어 의도적으로 혼합한 후 이 물질에서 무언가의 결과나 결과값을 얻는 것일 뿐이다.

인문사회과학(문과)에서는 인간을 대상으로 실험하는 과정을 거치고 최종적인 결과값은 설문조사를 통해 얻는 경우가 많다. "같은 내용의 학습 내용을 가지고 강의식 수업과 토론식 수업을 한다면 어느 쪽이 더 수업 만족도가 높을까?"가 궁금해서 학생들을 두 그룹으로 나누어 한 그룹에게는 강의식 수업을, 다른 그룹에게는 토론식 수업을 실시한 후 수업에 대한 선호도와 만족도를 설문으로 알아보았다면 이것도 실험조사에 해당한다. 학생들은 강제로 두 그룹으로 나뉘어 처음 듣는 수업 내용을 연구자의 의도에 맞춰서 들어야 하기 때문이다.

물론 인문사회과학에서는 설문조사로 결과값(데이터)을 얻는 것이 아닌 실험도 많이 한다. 체육교육과 진학을 희망하는 학생이 "운동 후 맡는 향기의 종류에 따라 심박수가 정상으로 돌아오는 회

복 시간에는 차이가 있을까?"가 궁금해서 학생들에게 동일한 시간 동일한 운동을 하게 한 후(이럴 땐 가능한 격한 운동이 좋다) 그룹을 나누어 다른 아로마 향을 맡게 하고 정상 심박수로 돌아오는 시간을 측정했다. 결과값을 얻기 위해 설문조사를 한 것이 아니라 시간을 측정한 것이니 확실한 실험조사이다. 이렇게 실험조사는 결과값을 얻기 위한 측정 도구로 설문지(문항)를 활용하기도 하고, 시계나 온도계, 혈압계 등을 활용하기도 한다.

이에 반해 설문조사는 평소의 의견이나 태도, 감상 등에 대한 결과값을 얻기 위한 조사 방법이며, 의도적으로 상황을 만들거나 조사 대상에게 자극을 주지 않는다. '청소년의 자아존중감과 공격성은 어떤 관계가 있을까? 자아존중감이 높은 학생은 정말 공격성이 낮을까?' '자기조절 능력이 높은 학생과 낮은 학생은 충동구매를 하는 경향에서도 차이가 있을까?' 등은 자아존중감, 공격성, 자기조절 능력 설문지(문항)만으로 데이터를 얻어 결과를 그래프로 나타낼 수 있으니 설문조사에 해당한다.

그럼 문구나 색, 사진, 이미지 등 다른 요소는 모두 동일하지만, 한 광고에는 동양인 모델, 다른 한 광고는 서양인 모델이 등장하는 각기 다른 광고를 보고 어느 광고가 마음에 드는지, 어느 광고의 상품을 더 사고 싶은지를 설문으로 물어보는 〈동서양 모델별 광고 효과 차이 조사〉란 탐구활동의 조사법은 실험조사일까, 설문조사일까? 이전에는 보지 못했던 자극(광고)을 의도적으로 보게 하는 과정을 거쳐 결과값(데이터)만 설문으로 받은 것이니 당연히 실험조사이다.

실험조사와 설문조사의 구분

설문했다고 모두 설문조사는 아니래!

그냥 평상시 상태에서 설문 문항에 응답 ▶ 설문조사

평상시 경험하지 못한 자극을 받거나 특정 행위 후에 설문 문항에 응답 (실행의 결과 데이터를 설문조사로 얻는 것일 뿐) ▶ 실험조사

문제는 학생이 이렇게 실험조사를 했으면서도 생기부에 '설문조사를 하였다.'라고 기재하곤 하는데, 정확하게는 '실험조사를 하였다.'라고 해야 한다. 선생님들이 생기부에 기재할 때 혼란이 있을 수도 있으니 가능하면 학생이 탐구계획서나 탐구보고서에 확실하

게 '실험조사'라고 밝혀 두는 것이 좋다. 혹시 모르니 선생님께 설문조사가 아니라 실험조사라고 확인을 해 두면 안전하다.

설문조사에 비해 실험조사는 시간은 물론 노력도 많이 필요하다. 특히 인문사회과학의 실험은 실험 대상인 피험자가 인간이어서 같은 장소에 피험자들을 모으기도 쉽지 않고, 공간이나 다른 조건을 통제하기도 어렵다. 게다가 설문조사를 통해 데이터를 얻는 실험을 한다고 하면 실험조사와 설문조사의 방법론을 모두 구사해야 하니 당연히 설문조사만 하는 것보다 더 많은 것을 익혀야 한다. 실험조사를 했다면 다른 조사법에 비해 어려운 것을 해낸 셈이니 '실험'이라는 단어를 제목에 넣어도 좋고, 생기부에도 '실험'이라고 기재하는 등 확실히 자신이 흘린 땀과 눈물을 주장하도록 하자.

이제 설문조사와 실험조사를 명확히 구분할 수 있게 되었으니 탐구 방법에서 활용할 수 있는 문헌조사, 사례조사, 내용분석, 관찰조사, 설문조사, 실험조사에 대해 구체적으로 알아보도록 하자. ●

문헌
조사

문헌조사는 말 그대로 책, 보고서, 논문, 기사 등 문헌을 읽고 분석하는 조사법이다. 문헌과 인터넷 등에 있는 자료 중 주제와 관련된 것을 찾아보고, 이를 인용하거나 정리하면서 의문을 풀어 보는 것을 목적으로 하는 조사이다. 요즘은 많은 문헌이 디지털화되어 있어 인터넷 검색을 통해서 손쉽게 정보를 얻을 수 있고, 내용을 복사해서 그대로 보고서로 옮기면 되기 때문에 학생들이 탐구활동에 많이 '사용하던' 조사법이다. 여기서 주의해야 할 것은 '사용하던'이라고 아톰이 과거형으로 표현한 점이다.

이 책의 도입 부분에서 이야기한 플라시보 효과의 에피소드를 다시 떠올려 보자. 인터넷이나 문헌을 찾아서 플라시보 효과의 정의와 원리에 대해 살펴보고, 다양한 사례를 모아서 소개하는 〈플라시보 효과의 정의와 사례에 대한 조사〉라는 탐구보고서도 나쁘지는 않다고 했다. 다만 다른 학생들이 설문조사나 실험조사로 플라시보 효과 관련 조사를 하는 탐구활동보다 평가는 낮아질 수 있다고 아톰이 말했다.

대학 입학사정관은 탐구활동과 탐구보고서의 주제 독창성도 평가하지만, 학생들이 탐구활동을 하면서 흘리는 땀과 눈물도 평가한다. 더 많이 노력해야 하는, 더 많이 공부해야 하는 활동이라면 더 높이 평가한다. 물론 과학적 조사법을 구사한다는 전제에서다.

아, 오해는 하지 말자. 문헌조사 자체가 수준이 낮은 조사법이라고 말하는 것이 아니다. 주제와 관련된 논문이나 보고서 등 문헌을 모두 조사해서 주제와 관련하여 어떤 결론이 도출되었는지를 분석하는 문헌조사는 박사과정 학생들도 어려워하는 조사법이기도 하다. 문헌조사는 연구자가 해당 분야의 전문가라면 활용도도 높으면서, 실험조사보다 오히려 어려운 방법이기도 하다.

그런데 고등학생은 특정 분야의 전문가라고 하기 힘들고, 무엇보다 주제와 관련된 핵심 문헌이 무엇이고 어디에 있는지도 모르는 상태에서 몇 개의 문헌만 가지고 논리를 만들기는 더욱 힘들다.

예전에는 주제와 관련된 문헌이 어디에 있는지, 문헌에는 어떤 내용이 담겼는지를 찾아내는 것만으로도 연구자의 자질을 인정받기도 했다. 당시에는 관련 정보를 입수하는 것도 힘들었기에 과학자의 기본적 자질 중 하나가 '자료 검색 능력'이었기 때문이다. 하지만 인터넷 시대의 도래로 누구나 자료 검색을 할 수 있게 되면서 검색 능력은 평가 요소에서 배제되고, 이제는 정말 과학적 사고법과 조사법을 잘 이해하고 구사할 수 있는지가 가장 핵심적인 자질로 평가받고 있다.

이미 나와 있는 정보를 잘 찾아서 정리만 하면 되니 학생들은 문헌조사만으로 탐구보고서를 요령껏 쓰고 싶은 유혹이 있겠지만, 이러면 탐구활동의 노력이 전혀 드러나지 않고, 주제에 딱 맞는 핵심적인 문헌을 찾지 못한다면 오히려 잘못된 방향의 결론에 다다르는 한계도 있어 문헌조사만으로 탐구활동을 하는 건 추천하고 싶지 않다.

하지만 문헌조사가 아니면 풀어낼 수 없는 주제라면 이 조사법을 활용할 수밖에 없다. 예를 들어, 어느 학생이 "단군신화에도 웅녀가 나오고, 중국 소수민족 신화와 백제의 설화에도 곰여인이 나오고, 그리스신화에도 곰으로 변하는 칼리토스(큰곰자리와 작은곰자리 별자리 중 엄마)가 등장한다. 왜 각국의 신화에는 곰이 엄마로 등장하는 걸까? 혹시 인류는 곰을 모성성과 여성성을 상징하면서 신과 관계성을 지닌 동물로 여기고 있던 것은 아닐까?" 하고 궁금해 한다면 각국의 신화는 물론 신화와 설화를 연구한 문헌을 읽어 보고, 의문과 관련된 내용을 문헌에서 발췌해서 자신만의 논리로 근거를 만들어 가면서 탐구보고서를 작성하면 된다.

하지만 앞서 말했듯 고등학생이 이 의문을 풀기 위해 적합한 문헌은 무엇이며, 그 문헌에서 어떤 내용을 가져와야 자신의 의문을 풀어낼 수 있을지 정확히 판단하기는 쉽지 않을 것이다. 게다가 순수하게 문헌의 내용을 중심으로 논리를 전개해야 해서 학생이 가지고 있는 편견이나 선입견에 좌우되어 문헌을 선택하거나 내용을 발췌할 가능성도 있다는 점도 문제가 된다. 예를 들어, 곰이 등장하는 많은 신화 중에 남성성을 나타내는 신화는 의도적으로 배제하고, 곰 관련 연구에서도 내용을 왜곡하여 인용하거나 억지 논리를 전개할 수도 있다.

문헌조사가 탐구활동의 노력을 잘 드러내지 못하고, 쉽게 접근 가능한 정보만을 다룰 가능성이 크고, 전문적 정보와 지식의 부족으로 발생하는 문제점이 있다는 단점이 있으니 가능한 문헌조사만을 활용하는 탐구활동은 추천하기 힘들긴 하지만, 실험조사나 설문조사를 하더라도 반드시 문헌조사를 하기는 해야 한다.

왜냐하면 탐구보고서에는 주제와 관련된 선행 연구를 조사해서 '이러이러한 조사가 있었고, 이러이러한 내용이 밝혀져 있는데 나는 이런 연구들의 결과를 토대로 이런 조사를 하고 싶다'는 이야기를 담는 '선행 연구'라는 목차가 있기 때문이다. 탐구활동 중 찾아보고 읽어 본 책, 보고서, 논문, 인터넷 정보 등은 이 선행 연구 항목에 잘 정리해서 담아야 하니 어차피 다른 조사법을 사용하더라도 문헌조사는 기본적으로 할 수밖에 없다. ●

문헌조사

문헌과 자료 내용 중 주제 관련 부분을 조사하여 이를 근거로 논리 구성.
신뢰할 수 있는 핵심 문헌과 자료 선택이 중요하며, 선행연구 검토에 필요.

장점
- 인터넷 등으로 접근하기 쉬운 문헌과 자료 중심
- 문헌을 읽고 필요 부분만 참고하니 간편함.
- 별도 실험, 조사가 아니라 비용이나 노력이 들지 않음.

단점
- 주제에 적합한 핵심 문헌과 자료를 선별하기 어려움.
- 문헌의 어떤 내용이 논리에 필요한지 판단이 어려움.
- 순수한 논리적 전개에 의존하므로 주관이 개입됨.
- 다른 조사법에 비해 낮은 평가를 받을 가능성

사례
조사

사례조사는 주제와 관련된 몇 가지 사례를 분석하고, 분석한 결과를 근거로 논리를 만들어 탐구보고서를 작성하는 조사법으로 문헌조사의 한 종류라 할 수 있다.

사례조사는 대학 리포트에서 많이 사용되는 편이고, 기업이나 기관의 업무보고서 등에서도 많이 활용된다. 가까이는 뉴스나 기획기사에서도 많이 쓰인다. 최근 유행하는 상품을 사례로 들어 '최근 트렌드인 A 상품의 경우는 이러이러한 특징이 있으며, B 상품은 저러저러한 특징이 있고, C 상품은 요러요러한 특징이 있는데, 이 상품들은 ○○○이라는 공통적 특징을 가지고는 있지만 서로 ×××같은 다른 점도 있어서 이 상품들은 경쟁하면서도 소비를 촉진시키는 효과를 가져올 것으로 보인다.'는 뉴스가 그 예가 될 수 있다.

사례조사에서 가장 중요한 것은 주제에 맞는 사례를 모으는 일이다. 적합한 사례를 잘 찾아낼 수 있다면 조사를 성공적으로 진행할 수 있지만, 사례를 찾기 힘들거나 주제에 맞지 않는 사례를 가지고 조사를 한다면 예상(가설)과는 전혀 다른 결과를 얻을 수 있다. 사례조사는 조사를 통해 근거를 마련한다는 점에서 선택한 사례가 모든 사람이 납득할 수 있는 객관적인 근거를 지니고 있어야 한다. 만일 자신이 찾은 사례를 다른 사람에게 말해 주었을 때 "뭐야, 이건 주제와 맞지도 않고 억지로 끌어온 사례잖아!"라고 한다면 사례조사는 잘못된 것이다.

예를 들어, "글로벌 기업은 진출 국가별로 그 나라의 문화나 상황에 맞는 마케팅을 펼치는 현지화 전략이란 걸 한다고 하는데, 그 전략이 정말 잘 통하고 있는지 몇 개 기업의 사례를 살펴보면 어떨까? 진출한 국가에 맞는 현지화 전략을 진행하면 성공 확률이 높아지는 건지 알아보고 싶다."고 생각한 학생이 있다. 학생은 신문 기사와 보고서를 중심으로 사례를 찾아보았고, 현지화 전략을 잘 구사해서 상품을 많이 팔고 있는 사례를 정리하여 결론을 내렸다. 현지화 전략은 상품 판매에 도움이 된다고. 그런데 과연 이게 맞는 걸까?

학생이 찾은 기사는 대부분 현지화 전략에 성공한 기업의 사례를 소개한 것일 가능성이 크다. 보고서도 마찬가지일 것이다. 현지화 전략에 실패한 기업 사례를 분석해서 이러이러한 현지화 전략은 잘못되었다는 뉴스나 보고서는 찾기 힘들다. 왜냐하면 성공한 기업은 자신의 성과를 과시하기 위해서라도 기자나 연구자에게 정보를 제공해서 뉴스나 보고서로 전략이 소개되겠지만, 실패한 기업은 구체적으로 어떤 전략을 기획해서 어떻게 전개했는지 밝히지 않고 상품 판매를 중단하거나 진출 국가에서 철수하니 그 사례를 찾기 어렵다. 학생은 결국 한쪽에 치우친 사례만으로 '현지화 전략을 펼치기만 하면 성공한다.'는 잘못된 논리를 보고서에서 주장하게 될 것이다.

이처럼 사례조사는 어떤 관점에서, 어떤 논리에서 사례를 고르느냐가 중요하다. 그런데 고등학생은 사회에서 발생하는 다양한 사례 중에서 어떤 사례를 선택할 것인가에 대한 안목이 충분하지 않을 가능성이 크다. 해당 분야의 전문가도 사례조사를 위해 주제에 적합하면서도 한쪽으로 치우치지 않는 사례를 신중히 선택하려고 노력한다. 그래서 만일 학생의 주제가 사례조사가 아니면 풀기 힘든 것이라면 사례를 선택할 때 선생님이나 부모님처럼 사회 경험이 있는 주변인에게 도움을 받는 것이 좋다.

사례조사는 지금 현실에서 일어나고 있는 움직임을 조사하는 방법이기 때문에 기업이나 기관의 활동이 어떤지 궁금한 주제라면 잘 어울릴 수 있다. 한 학생은 "난 금융기관의 광고에 관심이 있는데, 특수은행이냐 일반은행이냐에 따라서 은행 자체를 알리는 기업광고에서 뭔가 다른 특징이 있을 것 같아. 그 특징이 무엇인지, 그리고 두 은행은 정말 광고 특징이 다를지 확인해 보고 싶어."라고 생각했다. 특수은행은 한국은행, 한국수출입은행, 한국산업은행 등 「은행법」의 적용을 받지 않는 은행이고, 일반은행은 우리가 잘 아는 KB은행, 신한은행, 우리은행 등을 말한다.

이 학생은 평소 은행 관련 지식도 있고 궁금증이 있어서 〈특수은행과 일반은행의 기업광고 특징과 차이 조사〉라는 탐구활동을 하기로 했다. 그래서 특수은행 중 2개 은행, 일반은행 중 잘 알려진 4개 은행이 2023년에 선보였던 기업광고를 계절별·은행별로 4편씩 총 24개의 광고 사례를 분석했다. 폰트, 모델, 문구, 배경색 등으로 광고물의 구성 요소를 나눈 다음, 요소별로 어떤 특징이 있는지를 찾아서 분석하고 표로 정리해 보았더니 특수은행과 일반은행은 요소별로 차이가 있음을 확인할 수 있었다.

사례 분석은 주로 문헌 등에 있는 정보를 분석하는 경우가 많은

데, 관련자의 인터뷰 등을 통해 자신만의 정보를 확보할 수 있다면 차별화된 결과를 얻을 수도 있다. 이때 분석할 대상의 사례 수는 너무 많지 않은 것이 좋다. 위 은행 광고 분석처럼 그룹으로 나누어 분석한다면 그룹별로 3~4개 정도가 적당하다. 그리고 기업이나 기관의 사례를 분석한다면 가능한 많은 사람이 알고 있는 기업이나 기관의 사례를 분석하는 것이 좋다. 사람들이 들어 보지 못한 기업이나 기관은 그만큼 영향력이 없는 경우라서 사례를 분석하는 의미가 크지 않다. ●

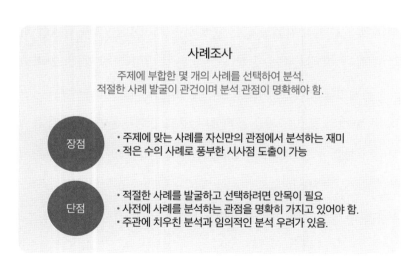

사례조사

주제에 부합한 몇 개의 사례를 선택하여 분석.
적절한 사례 발굴이 관건이며 분석 관점이 명확해야 함.

장점
• 주제에 맞는 사례를 자신만의 관점에서 분석하는 재미
• 적은 수의 사례로 풍부한 시사점 도출이 가능

단점
• 적절한 사례를 발굴하고 선택하려면 안목이 필요
• 사전에 사례를 분석하는 관점을 명확히 가지고 있어야 함.
• 주관에 치우친 분석과 임의적인 분석 우려가 있음.

내용분석
(콘텐츠 분석)

한 학생에게 이런 궁금증이 생겼다.

　"애니메이션이나 웹툰을 보면 여러 캐릭터가 나오는데, 사실 캐릭터 얼굴이 전부 다른 건 아닌 듯해. 눈, 코, 입은 다 똑같아 보이거든. 그런데 우리가 캐릭터를 쉽게 구분할 수 있는 건 캐릭터마다 머리색과 모양이 다르기 때문이라고 생각해. 빨간색, 파란색, 보라색, 노란색, 회색 등등. 그런데 작가들이 이런 머리색을 아무 생각 없이 그냥 부여한 것 같지는 않아. 뭔가 캐릭터의 성격을 나타내기 위해 머리색을 사용하는 것이 아닐까? 그럼 애니메이션의 캐릭터별로 성격을 분석해 보면 빨간 머리는 이런 성격, 파란 머리는 이런 성격, 노란 머리는 이런 성격으로 나눌 수 있는 걸까?"

　이 학생은 〈애니메이션 캐릭터의 머리색에 따른 캐릭터 성격의 차이 조사)라는 제목의 탐구활동을 했다. 최근 3년간 인기가 있었던 애니메이션 몇 편을 선택해서 등장하는 캐릭터를 분석해서 머리색별로 성격에 차이가 있다는 것을 알아냈다.

영화를 좋아하는 한 학생은 "영화 속에는 계단을 오르내리는 장면이 자주 나오는데, 혹시 높은 곳에서 낮은 곳으로, 반대로 낮은 곳에서 높은 곳으로 오르내리는 장면이 사회적 지위의 변동이나 심리적 변화를 상징적으로 보여 주기 위한 장치가 아닐까? 계단이 자주 등장하는 영화를 몇 편 선택해서 내가 생각한 의문이 맞는지 확인해 봐야겠다."고 생각했다. 그리고 계단이 많이 등장하는 영화를 몇 편 선택해 어떤 맥락에서 그 장면을 넣었는지 분석했다.

이처럼 영화, 소설, 만화, 애니메이션, 음악, 광고 등의 콘텐츠에 담긴 내용의 의미나 특징을 분석하여 자신의 의문을 풀어내는 조사법을 학문적 영역에서는 '내용분석(contents analysis)'이라 부르지만, 분석하는 대상이 콘텐츠라서 '콘텐츠 분석'이라 부르기도 한다.

이 조사법은 콘텐츠의 장면과 소재 등에 대한 의미를 파악하거나, 콘텐츠가 전달하고자 하는 가치관이나 생각이 어떤 것인지를 파악하기도 하고, 콘텐츠에 어떤 사물·직업·공간이나 특정 플롯이 얼마나 등장하는가, 또는 시대에 따라서 콘텐츠의 내용이나 요소에 변화가 있는가 등에 대한 의문을 풀기 위해 사용한다.

내용분석을 위해서는 우선 주제에 적절한 콘텐츠를 확보해야 한다. 영화 속의 계단이 사회적 신분의 이동을 상징하는지 확인하고 싶다면 일단 계단이 등장하는 영화를 선택해야 한다. 1990년대와 2020년대 로맨스 드라마에 등장하는 여주인공이 어떤 인물로 설정되어 있는지 비교·분석해서 사회가 보는 여성성의 변화를 알아보고 싶다면 일단 두 시대의 대표적인 로맨스 드라마를 몇 편 선정해서 조사해야 한다. 이때 어떤 기준으로 드라마를 선정할 것인지 정하고, 몇 편을 분석할 것인지도 사전에 정해야 한다. 예를 들어, 1991년, 1992년, 2021년, 2022년에 가장 인기 있었던 로맨스 드라마 상위 3편씩 총 12편을 대상으로 정해 두어야 한다.

적절한 콘텐츠를 확보하기 어렵다면 내용분석을 진행하기는 힘드니 다른 조사법 활용을 검토해야 한다. 예를 들어, 영화를 많이 알지 못해서 계단이 등장하는 영화를 찾기 힘들다면 계단이 나오는 영화 장면 몇 개를 학생들에게 보여 주고 계단을 올라가거나 내려오는 캐릭터에 대해 떠오르는 것을 물어보는 설문조사를 활용하여 주제에 접근할 수도 있다.

콘텐츠를 좋아하고 즐기는 학생이라면 재미있는 탐구활동을 할 수 있는 내용분석이지만, 콘텐츠의 의미를 분석하기 위해서는 사전에 공부가 필요하다. 애니메이션 캐릭터의 머리색이나 영화 속 계단 장면 등을 분석하려면 색채 심리학이나 상징 심리학 등을 조금은 공부한 후 도전하는 것이 좋다. 그리고 가능한 많은 사람이 알고 있는 콘텐츠를 선택해서 분석한다. 혹시 대입 면접에서 어떤 콘텐츠를 분석했는지 질문이 나왔을 때 대학 입학사정관이 전혀 알지 못하는 콘텐츠를 말한다면 분석 결과에 대한 공감을 얻기 어렵다. ●

내용/콘텐츠 분석

영화, 소설 등 콘텐츠 내용의 의미 등을 분석.
어떤 기준으로 분석할 것인지 사전에 항목을 만들어 두어야 함.

장점
- 좋아하는 콘텐츠를 즐기면서 분석하는 재미
- 짧은 콘텐츠라면 여러 개를 빠른 시간에 조사 가능

단점
- 여러 콘텐츠를 조사해야 하기 때문에 비용, 시간 소요
- 콘텐츠 내용 해석에 필요한 지식과 정보 등 소양을 갖추어야 함.
- 분석 과정에서 연구자의 주관이 개입할 가능성이 큼.

관찰
조사

"횡단보도 우측보행 화살표는 사실 지키는 사람도 없고, 지킨다 해도 그냥 어떻게 하다 보니 지키는 거지 꼭 지켜야겠다는 의지를 가지고 우측보행을 하는 건 아닌 것 같아. 그런데 정말 그런가? 정말 사람들은 횡단보도 우측보행 화살표가 있다는 것을 알아차리지도 못하고, 알고 있다 해도 그냥 무시하는 걸까? 우선 얼마나 많은 사람이 화살표에 맞춰서 우측보행을 하고 있는지 조사해 보고, 만일 하지 않고 있다면 왜 화살표를 지키지 않는지 알아봐야겠다."

〈횡단보도 우측보행 준수 여부와 미준수 이유에 대한 조사〉를 하기 위해 학생은 학교 앞에 있는 횡단보도에 서서 오후 5~7시 사이 1시간 동안 우측보행을 지키면서 건너는 사람의 수와 지키지 않는 사람의 수를 세어 본다. 횡단보도를 한 곳만 조사하게 되면 지역 주민의 성격이 반영될 수 있으니 조금 떨어진 지역에서 다른 시간대를 선택해서 다시 같은 조사를 1시간 동안 해 본다.

이런 식으로 다른 횡단보도에서 다른 시간대별로 1시간씩 현장에 나가서 조사를 해 보았더니 횡단보도 우측보행을 지키지 않는 비율이 훨씬 높다는 것을 알 수 있었다. 그리고 현장에서 지키지 않은 사람과 지킨 사람 중 몇 명에게 화살표가 있는데 왜 지키지 않았는지, 화살표의 존재를 알고 있었는지를 즉석에서 물어보았다. 그 결과 화살표가 있는 것도 잘 모르고 있으며, 있다고 해도 우측보행을 의미하는지 몰랐고, 우측보행을 하라는 뜻인지는 알지만 지키지 않아도 상관없고 귀찮아서 신경 쓰지 않는다는 결론을 내릴 수 있었다.

관찰조사는 알아보고자 하는 사람들의 행동이나 사회적 움직임 등이 실제로 발생하는 현장에 나가서 그 행동이나 움직임을 관찰하는 조사법을 말한다. 카페에서 공부하는 이른바 '카공족'이 많아서 문제가 된다고 하는데, 과연 카페 이용 손님 중 카공족은 얼마나 되는지, 성별 비율은 어떤지, 카공족의 카페 평균 이용 시간은 얼마나 되고, 무슨 음료를 마시고, 노트북을 사용하는 비율은 어느 정도인지 등이 궁금하다면 직접 카페에서 사람들을 관찰하면서 수를 세어 보고 확인한 후 이 데이터를 정리한다. '노트북 사용자의 카페 이용 시간과 일반 손님 이용 시간은 다를 것이다.'라는 가설을 검토하려면 직접 각 이용자의 시간을 확인하여 데이터를 정리하면 된다.

관찰조사는 관찰한 내용을 수량화하여 조사 결과를 그래프나 표로 제시할 수 있어 객관적 근거를 만드는 데 유리하다. 특히 필요하다면 관찰하면서 사람들에게 인터뷰나 간단한 설문조사를 해서 왜 그런 행동을 하는지를 물어볼 수 있어 조사 내용이 풍부해진다는 장점도 있다. 그래서 '카페의 학습 공간 이용 실태조사'나 '횡단보도 우측보행 실태조사'처럼 행동이나 현상의 실태조사에 많이 사용되는 적절한 조사법이다.

하지만 관찰을 하려면 현장에 나가 어느 정도의 시간을 지켜보아야 하며, 관찰하려는 행위나 움직임이 반드시 관찰된다는 보장도 없는 것을 고려하면 시간적인 효율은 떨어지는 조사법이다. 만일 노트북 사용자의 카페 이용 시간 조사를 하러 갔는데 그날 그 시간에 노트북 사용자가 없다면 현실과는 다른 조사가 이루어지므로 가능하면 다양한 시간대에 다양한 현장을 관찰해야 하는 어려움이 있다. ●

관찰조사

사람들의 행동이나 사회적 움직임 등을 관찰하는 조사법.
필요하면 인터뷰나 설문조사를 병행하여 완성도를 높임.

- 현장의 행위, 현상을 관찰하므로 객관성 유지 쉬움.
- 설문조사와 병행하면 질 높은 탐구활동이 됨.
- 고등학생 수준에 적합하며 용이한 방법임.

- 행위와 현상이 발생하는 현장에 나가야 하는 번거로움.
- 관찰이 불가능한 행위나 현상도 존재하여 주제가 한정
- 어느 정도 시간이 소요되어 학업에 영향이 있을 수 있음.

설문
조사

설문조사는 일상적으로 많이 접할 수 있는 조사법이면서 탐구활동뿐만 아니라 논문, 보고서 등에 가장 많이 활용되는 보편적인 조사법이다. 설문조사의 장점은 짧은 시간에 많은 응답자를 대상으로 설문하여 데이터를 대량으로 확보할 수 있다는 점이다. 또한, 문과 지망 학생뿐 아니라 이과 지망 학생들도 설문조사만을 하는 탐구활동을 하거나, 설문조사와 조합된 실험을 하는 탐구활동을 하는 경우가 늘고 있어서 기본적인 설문조사 방법을 익혀 둘 필요가 있다.

　설문조사가 넓은 범위에서 활발하게 활용되는 이유는 어떠한 주제라 해도 과학적 조사법의 중요한 요소인 '수량화'가 가능하기 때문이다. 수량화는 과학의 근간이 되는 '객관', '근거'와 관련이 깊다. 근거가 있는 객관적인 사실을 표현하는 가장 좋은 수단은 숫자다. 하나가 존재하기 때문에 '1'이라는 숫자를, 100명이 존재하니 '100'이란 숫자를 사용한다. 이에 반해 언어는 '1'을 '거의 없다'로, '100'을 '많이 있다'로 표현할 수 있지만 정확하게 전달되지는 않는다. 그러니 확실한 근거가 있으며, 1과 1.1, 1.11은 다른 것이니 객관적으로도 명확한 차이를 알 수 있다는 점에서 과학은 가능한 숫자로 표현하는 것을 선호한다.

설문조사는 문헌조사나 사례조사 등이 지닌 수량화가 어렵다는 단점을 보완할 수 있는 조사법으로, 잘 활용하면 모든 주제의 조사 결과를 수량화할 수 있는 만능 조사법으로 여겨지기도 하니 주의가 필요하다.

타당도, 신뢰도 있는 설문 문항 만들기

설문조사에서 가장 주의해야 할 점은 설문 문항을 만들 때 응답자의 속성을 충분히 고려하고, 학문적으로 이미 만들어 사용하는 설문 문항(설문지)이 있다면 이를 사용해야 한다는 점이다. 설문 문항은 그냥 적당히 만들어 사용하면 안 된다. 학생들은 물어보고 싶은 것을 일상적인 용어를 사용해서 평소 질문처럼 물어보면 설문 문항이 되는 것 아니냐고 생각하곤 한다. 이렇게 하면 측정하고자 하는 개념을 적절하게 반영한 설문 문항이냐(타당도), 동일한 사람이 다른 상황, 다른 시간에서도 동일한 대답을 할 수 있는 설문 문항이냐(신뢰도) 등이 보장되지 않는다. 그래서 가능한 타당도와 신뢰도를 학문적으로 인정받은 설문 문항을 사용하는 것이 좋다. 그럼 이런 설문 문항은 어디에서 찾아봐야 할까?

공부로 스트레스를 많이 느끼는 학생들은 물건을 살 때 계획적으로 사기보다는 자신의 스트레스를 풀기 위해서 즉흥적인 마음으로 물건을 사는 것 같은데, 이 관계가 정말 그런지가 궁금한 학생이 있다. 인터넷을 검색하고 선생님들의 조언을 들어 보니 공부 때문에 생기는 스트레스를 학문적으로는 '학업 스트레스'라 하고, 즉흥적으로 물건을 사는 성향은 '충동구매 성향'이라고 한다는 걸 알았다. 그래서 "학업 스트레스와 충동구매 성향과는 정말 관계가 있는 걸까? 학업 스트레스가 높다면 충동구매 성향이 높을까? 그럼 상관관계는 비례적 관계일까?"라는 의문을 풀기 위해 '학업 스트레스와 충동구매 성향은 상관관계가 있을 것이다.'라는 가설을 세우고 〈청소년의 학업 스트레스와 충동구매 성향의 상관관계 조사〉란 제목으로 탐구활동을 하려고 한다.

　문제는 국어 점수와 수학 점수의 상관관계처럼 상관관계를 알아보려면 측정하려고 하는 2개의 점수가 필요한데, 학업 스트레스 점수와 충동구매 성향 점수를 내려면 설문 문항이 필요하다는 점이다. 앞서 설문 문항은 학문적으로 인정받은 것을 하면 좋으니 일단 DBpia 같은 논문 검색 사이트에 들어가 논문에서 사용한 설문 문항이 있는지 검색해 본다. 제목에 '학업 스트레스'나 '충동구매 성향'이 들어간 논문을 찾아보면 아마 연구에서 사용했던 설문지나 설문 문항이 있을 것 같다. 그런데 아무리 찾아도 설문 문항이 실린 논문을 찾기가 어렵다. 그 이유는 논문 검색 사이트에는 석박사 학위논문보다는 주로 5~6쪽의 학술지 논문이 많이 실리는데, 논문을 짧게 줄여서 게재해야 하다 보니 설문 문항은 싣지 않기 때문이다.

　그래서 설문 문항을 찾으려면 석박사 학위논문을 찾아야 한다. 석박사 학위논문의 맨 뒤에는 연구에서 사용했던 설문지를 '부록'이라는 목차로 담기 때문에 설문 문항을 그대로 가져와 사용할 수 있다. 부록에 담긴 설문 문항은 학문적 연구의 도구로 인정받은 것이니 걱정하지 말고 사용해도 된다.

학술지 논문이 아닌 학위논문을 검색한다면 논문 검색 사이트보다 각 대학교의 도서관 사이트에 들어가 검색하는 것이 유리하다. 가족 또는 친척, 지인 중에 대학이나 대학원에 다니는 사람이 있다면 탐구활동을 하는 동안만 도움을 부탁하면 학위논문도 내려받아 볼 수 있다.

하지만 그렇게 설문 문항을 찾았다고 해서 문항 전체를 그대로 가져오는 것은 현실적인 방법이 아닐 수도 있다. 어떤 설문은 문항 수가 너무 많기도 하고, 어떤 것은 성인 대상의 설문 문항이라서 그렇다. 예를 들어, '충동구매 성향' 설문도 어떤 논문에서는 15개 문항을 사용하기도 하고, 어떤 논문에서 23개의 문항을 사용하기도 한다. 친구들에게 탐구활동을 위한 설문조사를 부탁한다면 23개의 문항은 너무 많을 수도 있다. 학업 스트레스도 논문마다 약간의 차이는 있지만 20개 정도의 설문 문항을 사용하는데, 그럼 학업 스트레스 문항 20개, 충동구매 성향 문항 20개, 이렇게 총 40개나 되는 설문 문항에 응답해 달라고 하면 흔쾌히 해 주려는 친구들이 많지 않을 수 있다.

그래서 문항이 너무 많으면 조금 줄여서 탐구활동에 사용하는 것이 좋다. 엄격하게 말하면 이렇게 문항을 줄이려면 설문 문항의

타당도와 신뢰도 등을 측정하는 등의 과정을 거쳐야 하지만, 탐구 활동은 본격적인 학술논문이 아니니 너무 걱정하지 말고 10개 정도의 문항으로 줄여 보도록 하자. 단 문항을 이렇게 조정할 때는 팀원이나 선생님께 보여 드리고 최종적으로 적절하게 문항이 구성되었는지를 확인하는 것이 좋다.

설문 문항이 필요하다면 다음처럼 해 보자.

1. 학술적으로 설문에 사용하는 용어를 찾아내기

공부에서 받는 스트레스라면 '학업 스트레스', 공부에 집중하는 정도가 궁금하면 '학습 집중력'을 찾아내기

2. 용어가 들어간 논문을 검색하기

가능하면 대학교 도서관 사이트에서 석박사 학위논문을 검색해서 맨 뒤 부록에서 설문 문항을 확인하기

3. 설문 문항을 조정하기

실제로 논문에서 사용한 설문 문항이 10개 내외라면 그대로 가져와도 좋지만, 너무 많다면 10~15개 정도로 줄이고 적절하게 줄였는지 선생님이나 팀원에게 확인받기

필요한 설문 문항까지 다 만들었다면 설문조사를 실시하면 된다. 이전에는 종이 설문지로 응답을 받는 경우가 대부분이었지만, 최근에는 구글폼이나 네이버폼 같은 무료 온라인 설문조사 툴을 사용하는 것이 편리하다. 고등학생이라면 한 번쯤 이용 경험이 있는 온라인 툴은 설문 문항을 넣은 후에 링크만 응답자에게 알려 주면 되고, 응답자의 응답 결과도 모두 그래프로 보여 주므로 나중에 탐구보고서의 조사 결과 내용에 그래프를 그대로 복사해서 붙이기만 하면 되니 적극적으로 활용하도록 하자.

상관관계를 구하는 설문조사라면 특별히 신경을

그런데 온라인 툴의 그래프를 그대로 가져다 붙일 수 없는 탐구 활동 주제가 있는데, 바로 '상관관계'와 같이 두 변수의 관계를 구하는 경우이다. 구글폼이나 네이버폼에서 결과로 보여 주는 것은 막대그래프나 원그래프 형식이다. 문항별 선택지가 '①전혀 아니다 ②아닌 편이다 ③보통이다 ④그런 편이다 ⑤매우 그렇다'였다면 선택지별로 응답자 수와 비율을 표시해 주는 것인데, 상관관계는 문항별 선택지의 응답이 필요한 것이 아니다. 예를 들어, 학업 스트레스와 충동구매 성향의 관계 조사에서 필요한 것은 각 학생의 학업 스트레스 점수와 충동구매 성향 점수이다. 친구들 30명에게 설문조사를 해서 30명 각자의 학업 스트레스 점수와 충동구매 성향 점수를 구하고, 학업 스트레스를 X축으로 하고 충동구매 성향을 Y축으로 하는 산포도를 구하여 어떤 모양과 강도의 상관관계인가를 확인하는 것이 최종 목적이다.

 10개 문항으로 구성된 학업 스트레스 점수를 응답자별로 구하는 방법은 간단하다. 한 학생이 1번 문항 '학교 시험을 잘 봐야 한다는 생각에 초조하며 불안하다.'에 '①전혀 아니다 ②아닌 편이다 ③보통이다 ④그런 편이다 ⑤매우 그렇다'의 선택지 중 '②아닌 편이다'로 대답했다면 이 학생의 1번 문항 점수를 2점으로 계산한다. 이렇게 10개 문항 점수를 모두 더하면 이 학생의 학업 스트레스 점수는 10문항 모두 '전혀 아니다'라고 답하는 10에서 모두 '매우 그렇다'로 답하는 50점 사이의 점수로 나올 것이므로, 만일 10문항 합산이 35라면 35점이 이 학생의 학업 스트레스 점수가 된다. 이런 식으로 충동구매 성향도 응답자별로 점수를 내서 엑셀에서 산포도 그리기를 하면 된다.

 상관관계 사례처럼 문항 하나하나의 결과가 아닌 여러 문항의

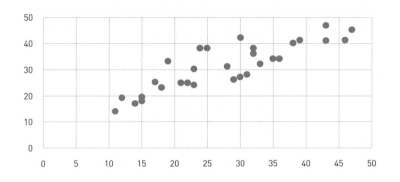
학업 스트레스와 충동구매 성향 상관관계(예시)

응답을 합산해서 하나의 점수를 구해야 하는 경우 주의할 것이 있다. 만일 충동구매 성향을 조사하는 문항을 찾았는데 어떤 문항은 긍정적으로, 어떤 문항은 부정적으로 물어보는 것이 있다면 조심해야 한다. 예를 들어, '나는 계획하지 않고 물건을 사는 경향이 있다.'와 '나는 물건을 사기 위해 저축을 하는 편이다.'라는 두 문항이 있다고 하자. 두 문항 모두 충동구매 성향과 관련이 있지만 '① 전혀 아니다 ②아닌 편이다 ③보통이다 ④그런 편이다 ⑤매우 그렇다'라는 선택지에 어떤 응답자가 두 문항 모두에 '⑤매우 그렇다'라고 대답했다면 그 의미는 전혀 다르다.

앞 문항은 계획 없이 사는 충동구매를 한다는 뜻이고, 뒤 문항은 저축을 하면서 충동구매를 하지 않는다는 의미다. 그런데 각 문항의 '⑤매우 그렇다' 응답을 5점으로 계산하고, 문항 점수를 모두 더해 한 변수의 점수를 낸다고 하면 각 문항에서 높은 응답을 하는 것이 충동구매가 높다는 의미가 되어 버리고 만다.

그래서 각 문항은 모두 충동구매 성향이 높은 응답자가 '⑤매우 그렇다'에 대답할 수 있도록 문항을 바꿔 주는 것이 나중에 합산 점수를 구할 때 편리하다. 위의 '나는 물건을 사기 위해 저축을 하는 편이다.'는 '나는 물건을 사기 위해 저축을 하지 않는 편이다.'라고 바꿔 줘야 '⑤매우 그렇다'로 대답한 사람이 충동구매 성향이 높다는 뜻이 된다.

학문적인 설문조사에서는 응답자들이 문항에 신중히 응답하지 않고 생각 없이 같은 선택지를 택하는 것을 방지하기 위해 일부러 실제 알아보고 싶은 변수의 방향과는 다른 방향의 문항을 섞어서 사용한다. 그리고 조사가 끝나고 점수를 낼 때는 방향이 다른 문항은 '①전혀 아니다'로 답했다면 '⑤매우 그렇다'로 취급하여 반대로 점수를 계산하는 방법을 사용한다.

따라서 탐구활동이 상관관계를 구하는 것이고, 좋은 설문조사를 하고 싶다면 논문에서 사용한 방향이 다른 설문 문항이 포함된 것을 그대로 가져와서 사용한 후 나중에 문항별 선택지의 점수를 거꾸로 계산하거나, 처음부터 설문 문항을 같은 방향으로 통일해서 만드는 방법 중에 선택하면 된다. 엑셀을 사용하는 것에 익숙해서 데이터의 입력 변환이 가능하다면 점수를 거꾸로 계산하는 방법을, 그렇지 않다면 설문 문항을 바꾸는 방법을 선택하는 것이 좋다.

  상관관계는 구글폼이나 네이버폼이 보여 주는 그래프를 그대로 사용하지 못하고 일단 엑셀 데이터로 내려받아서 데이터를 엑셀 파일로 저장해야 하는데, 구글에 들어가서 '**구글폼 엑셀 다운로드**'라고 검색하면 구글폼 조사 결과를 어떻게 엑셀 데이터로 내려받는지 자세히 설명해 주는 블로그 등이 있으니 이를 참고하면 된다. 내려받은 엑셀 데이터를 저장하고 엑셀 프로그램에 들어가 두 영역의 점수를 클릭해서 잡은 후에 '삽입 → 차트 → 분산형 → 가장 앞에 있는 산포도'로 찾아 들어가면 예시와 같은 산포도를 그릴 수 있다.

탐구활동 설문조사의 분류

탐구활동에서 많이 쓰는 설문조사는 크게 3가지로 분류할 수 있다.

1. 실태와 인식 조사

'반려동물의 공원 출입에 대한 실태와 인식 조사' '청소년의 결혼과 출산, 양육에 대한 인식 조사' '횡단보도 우측보행 준수 실태 조사' 등 실태와 인식이 궁금한 주제에는 가장 적절한 조사법이다. 실태와 인식은 가능한 많은 사람의 대답을 받아내는 것이 필요하므로 설문조사 이외의 조사법은 적절하지 않다.

2. 비교 조사

청소년과 부모 세대의 다문화 수용성에 대한 인식에는 차이가 있는지 궁금해서 설문조사를 실시하려고 한다. 다문화 수용성은 논문을 검색하면 쉽게 찾을 수 있으니 여기에서 적절한 문항을 가져와서 조사한 후 같은 문항에 청소년과 부모 세대가 응답이 다른 양상을 보이는지 확인하면 된다. 이렇게 동일 문항에 응답이 다른 양상을 보일 것인가를 확인하는 조사를 비교 조사라고 한다.

    토론식 수업 방식과 강의식 수업 방식에 따라 학습 집중력에 차이가 있는지, 여성과 남성에 따라 자아존중감에 차이가 있는지, 반려견을 기르는 사람과 기르지 않는 사람 간에 유기견 안락사에 대한 인식 차이가 있는지 등 두 집단 또는 세 집단의 차이를 설문조사로 물어보는 것이다. 구글폼을 이용해 비교 설문조사를 할 때는 2가지 방법이 있다.

    우선 하나의 구글폼 링크만을 만들어 집단과는 상관없이 모든 응답자에게 그 링크에 접속해서 응답해 달라고 한 후, 엑셀 데이터로 내려받아 집단을 구분하여 데이터를 정리하고 그래프를 그리는 방법이다. 학술적 논문에는 이 방법을 사용하는데, 엑셀 사용에 익숙하지 않다면 어려울 수 있다.

    또 다른 방법은 **구글폼 링크 2개**를 만들어 집단별로 다른 링크에 접속해서 응답하도록 하는 것이다. 설문 문항은 어차피 두 집단 모두 같으니 조사가 끝났다면 각 링크별로 제시된 그래프를 각각 복사해서 탐구보고서에 나란히 문항별로 붙이면 비교 조사 그래프를 만들 수 있다. 이 방법은 굳이 엑셀 데이터를 내려받거나 엑셀에서 그래프를 그리지 않고 그냥 구글폼이 자동으로 보여 주는 그래프를 복사해서 사용하면 되니 적극적으로 활용하도록 하자.

3. 상관관계 조사

상관관계나 관계를 조사해서 XY축의 산포도로 나타내는 설문조사이다. 이 조사는 반드시 엑셀 데이터를 활용해서 산포도를 그려야 하기 때문에 다른 설문조사에 비해 공부가 필요하다. 하지만 그만큼 조사법으로는 조금 더 높은 평가를 받을 수 있다.

만일 상관관계 설문조사를 한다면 '상관계수' 도출까지 욕심을 내보자. 고등학교 탐구활동에서는 산포도를 제시하는 것으로 충분하지만, 통계적으로는 두 변수가 얼마나 강하게 상관성을 지니고 있는가를 하나의 숫자로 표시하는 상관계수를 구해서 제시한다면 결과가 더욱 과학적으로 보일 수 있다.

다행히 엑셀에서도 상관계수를 구할 수 있다. 엑셀 데이터로 내려받아 산포도까지 구했다면 엑셀의 도움말에 들어가 '코렐(correl) 함수'라고 검색하면 어떻게 상관계수를 구하는지 쉽게 알려 준다. 구글에서 '엑셀 코렐 함수'라고 검색해도 좋다. correl은 '상관(correlation)'의 줄임말이니 코렐 함수는 상관성을 계산하는 함수를 말한다. 상관계수는 0에서 ±1까지의 숫자인데, 0에 가까울수록 상관관계가 없고 ±1에 가까울수록 완벽한 상관관계라는 의미다. 또 +라면 정비례(양적 상관)이고 −이면 반비례(부적 상관)라는 상관관계의 방향성을 함께 말해 주는 아주 좋은 수치다.

일반적으로 상관계수가 0.0～±0.4이면 '거의 상관이 없음'이고, ±0.5～±0.7이라면 '약한 상관관계가 있음', ±0.8～±0.9라면 '높은 상관관계가 있음', ±0.9～±1.0은 '매우 높은 상관관계가 있음'이라고 해석한다. 물론 방향을 넣어서 -0.93이라면 '매우 높은 반비례적 상관관계가 있음' 또는 '매우 높은 부적 상관관계가 있음'이라고 해석하면 된다. 따라서 탐구보고서에 상관계수를 담는다면 소수점 세 자리까지 보여 주고 해석을 넣는 것이 좋다. 엑셀에서 코렐 함수로 상관계수를 구하면 소수점 아홉 자리까지 보여 주니 걱정할 건 없다.

참고로 앞의 산포도 예시의 학업 스트레스와 충동구매 성향의 상관계수는 +0.864이니 학업 스트레스와 충동구매 성향은 매우 높은 상관관계가 있어 '학업 스트레스를 많이 느끼는 학생은 충동구매 성향도 강하다.' 또는 '충동구매 성향이 강한 학생은 학업 스트레스를 많이 느끼고 있다.'라고 해석할 수 있다('학업 스트레스 때문에 충동구매를 하려는 성향이 높다.'고 인과관계처럼 해석해서는 안 되는 점에 주의하자). ●

설문조사

주제에 맞는 설문문항을 구성하여 온/오프라인으로 설문 실시.
조사의 결과를 수량화할 수 있는 가장 큰 장점을 지님.

- 이미 설문문항이 존재한다면 쉽게 조사가 가능
- 친구나 부모, 친지 등 가까운 사람 대상으로 조사 가능
- 온라인 조사 툴을 활용해 쉽게 결과까지 보고서에 담을 수 있음.
- 고등학생 수준의 탐구활동에 가장 적합한 조사법

- 주제에 맞는 설문 문항 구성이 어려운 경우도 있음.
- 설문 응답자를 확보하는 것이 곤란할 수 있음.

주제 맞춤 탐구보고서 쓰기

실험
조사

이과 지망 학생이라면 기본적으로 실험조사를 한다고 생각하는 것이 적절하다. 이과 학생들은 이미 고등학교 교과과정에서 여러 번의 실험을 경험하기 때문에 어떻게 실험을 하는가에 대한 기본적인 이해가 있고, 실험 결과는 대부분 수치로 나타낼 수 있어서 탐구활동의 과학적 조사법에는 가장 잘 맞는 조사법이라 할 수 있다.

이과 지망 학생의 실험은 실험 도구의 확보가 가장 중요하다. 사실 자연과학 실험은 어떤 도구를 가지고 있느냐에 따라 실험의 질도 높아지고 결과도 잘 나온다. 반면에 도구가 미비하면 실험 자체가 불가능한 경우도 있다. 예를 들어, 분광광도계(Spectrometer)란 기본적으로 빛을 이용해 투과/반사율 등을 측정하여 샘플과 시료의 구성, 농도 등을 측정하는 대표적인 장비인데, 이 장비가 있으면 화학, 생명과학, 환경, 제약과 관련된 주제를 다루는 탐구활동에 큰 도움이 된다. 하지만 장비가 고가이고, 사용하려면 공부도 필요해서 모든 학교가 갖추고 있지는 않다. 만일 학교에 분광광도계가 있다면 분광광도계를 활용하는 탐구활동을 적극 추천한다. 양질의 탐구보고서를 완성할 수 있는 좋은 기회이기 때문이다. 뇌파 측정기, 세균배양기 등도 구비하고 있는 학교가 많지 않으니 이를 활용하는 주제를 생각해 보도록 하자.

학교에는 없지만 개인적으로 구입해도 큰 부담이 되지 않는 측정 도구도 있다. pH 측정을 위한 고등학교 실험에서는 지시약을 사용해서 나타나는 색에 따라 pH의 범위를 확인하는 방법을 많이 사용하지만, 색은 일정 범위의 pH를 나타내 주는 것이라 정확한 pH 수치를 알 수 없다. 정확한 pH 수치는 pH 측정기를 사용하면 구할 수 있는데, 고가의 전문 기기가 아니라면 인터넷에서 2~3만 원이면 구입할 수 있다. 산소 농도 측정기, 이산화탄소 농도 측정기 등 다양한 측정기가 필요한데 학교에 없다면 팀원들이 비용을 분담해서 구입하는 방법도 생각해 보자.

측정 도구와 함께 주제와 관련된 기본적인 실험 방법을 공부해 두는 것도 필요하다. 예를 들어, 항균 실험과 같이 세균 관련 탐구 활동이라면 '디스크 확산법' 정도는 기본적인 실험 방법이니 이 기회에 익혀 두도록 하자. 항산화 관련 주제라면 화학 연구에서 흔히 사용되는 항산화 활성 측정 실험 기법인 'DPPH assay'도 공부해 두면 좋은데 앞에서 말한 분광광도계는 이 기법에서 사용되는 실험 도구이다.

그래서 이과 지망 학생의 경우는 의문을 주제로 다듬기 전에 학교에 어떤 실험 도구가 있는지 점검해 봐야 한다. 자신의 의문이 아무리 독창적이라 해도 실험 도구가 없다면 소용이 없다. 의문 단계에서 주제 관련 교과 선생님이나 탐구활동 프로그램 운영 담당 선생님을 찾아가 주제 관련 실험을 하려면 어떤 실험 도구와 장비가 필요한지, 그런 도구와 장비가 학교에 있는지, 학교에 없다면 신청할 경우 학교에서 구입해 줄 수 있는지 등을 물어보고 확인해야 한다. 최근에는 프로그램 예산이 있는 경우 학생들이 필요한 물품을 신청하면 학교 차원에서 구입해 주기도 하니 알아보고 활용하도록 하자.

문과 학생들도 인문사회과학 실험을 하는 경우가 늘고 있다. 앞서 설문조사와 실험조사의 차이를 말하면서도 언급했지만, 아무래도 다른 방법보다는 학생들의 노력과 시간이 더 투여되고 설문조사와 병행되기 때문에 기본적으로는 설문조사에 대한 공부도 되어 있다고 평가되기 때문이다.

실험조사를 할 때는 다른 조사법보다 주의할 점이 많다.

우선 실험이 위험할 수도 있으므로 안전 확보가 중요하며, 반드시 사전에 선생님께 실험 과정과 절차를 확인받고 실험을 해야 한다. 만일 조금 위험한 실험이라면 선생님이 함께 있는 공간에서 진행하는 것이 좋다.

두 번째는 인체에 영향을 미치는 실험은 되도록 하지 말아야 한다. 물질이 피부에 어떤 영향이 있는지를 알아보기 위해 실제 친구들의 피부에 다양한 물질을 발라 보고 어떤 변화를 보이는지 알아보려는 학생들도 있는데, 이런 실험도 피하는 것이 좋다. 인문사회과학 실험에서도 피험자를 모아서 괴로운 자극을 준 후 이 자극에 어떤 반응을 보이는가를 알아보는 실험을 해서는 안 된다. 이런 실험으로 인해 정신적으로 문제가 발생할 수도 있기 때문이다.

마지막으로 실험 기간을 잘 정해야 한다. 예를 들어, 〈미세플라스틱의 식물 생장 영향 조사〉를 위해 미세플라스틱이 있는 물과 없는 물이 담긴 2개의 컵에 양파를 길러 생장 차이를 알아보려고 계획을 세우는 것은 좋지만, 기존 연구에 따르면 미세플라스틱의 영향은 1년 이상의 장기간에 걸쳐 아주 점진적으로 일어나는 것이라 2~3개월의 탐구활동으로는 조사를 할 수 없다. 실험을 탐구활동 기간에 끝낼 수 있는지를 확인하고 시작하지 않으면 결과가 나오지 않아서 탐구보고서를 마무리할 수 없는 사태가 발생할 수 있다. ●

실험조사

주제에 맞는 실험을 통해 가장 객관적인 결과물 산출이 가능한 조사법.
실험 도구와 안정성의 확보를 확인하고 진행해야 함.

장점
- 가장 객관적이고 과학적인 조사법이라 할 수 있음.
- 실험은 최종 결과값을 측정치로 제시하므로 수량화가 용이
- 고등학교 수준의 탐구활동에서 높은 평가가 기대됨.

단점
- 실험 도구와 공간, 안정성의 확보가 곤란한 경우도 있음.
- 인문사회과학 실험인 경우 피험자 확보가 힘들 수도 있음.
- 실험에 시간이 오래 걸릴 수 있어 탐구활동 기간을 고려해야 함.

탐구보고서

글쓰기
ㅡ과학적 표현법

일상의 의문으로 주제를 만들고 조사해서 결과를 얻었다면, 이제 본격적으로 탐구보고서를 쓰기 시작한다. 탐구보고서는 과학적 글쓰기이므로 어떻게 글을 써야 하는지, 다시 말해 어떻게 표현해야 하는지 이해하고 써야 한다. 탐구보고서 글쓰기는 크게 2가지를 이해하면 된다. 하나는 '어떤 스타일로 글을 써야 하는가'이고, 두 번째는 '어떻게 목차를 구성하고 적절한 내용을 담는가'이다.

객관과 근거를 중시하는 과학적 글쓰기는 꾸밈말에 신경 쓰지 말아야 한다. 형용사와 부사는 되도록 적게 사용하고 숫자는 반대로 많이 넣어 보는 습관을 기르는 것이 좋다. 애매하다고 생각되는 표현은 과감하게 버리는 자세도 필요하다.

과학적 글쓰기의 목차는 서론-본론-결론의 정해진 순서에서 크게 벗어나진 않는다. 서론은 탐구활동의 배경과 이유, 필요성 등을 밝히는 부분이다. 본론에는 선행 연구를 살펴본 내용, 탐구활동에 활용한 조사 방법, 그리고 조사한 탐구 결과를 담는다. 결론에는 탐구활동 전체의 요약과 함께 조사 결과의 해석을 담으면 된다. 대략적인 목차는 정해져 있으므로 목차에 너무 신경 쓰지 말고 틀에 맞추는 것이 효율적일 수 있다.

글은 어떻게 쓰면 될까
— 객관과 근거의 글쓰기

객관과 근거가 있는 글쓰기

과학적 글쓰기가 소설이나 시 쓰기와 다른 점은 '객관'과 '근거'에 있다고 이미 말했다. 그럼 구체적으로 객관과 근거가 있는 글과 그렇지 않은 글은 어떻게 다른지 알아보자. 아래 문장은 객관과 근거가 담겨 있는 과학적 글쓰기 문장이라고 생각하는가?

"그는 키가 매우 크다."

우선 객관부터 따져 보자. 누군가가 이런 말을 했을 때, 이 말을 들은 사람들이 비슷하거나 동일한 생각과 이미지를 가진다면 그건 객관이 담긴 문장이다. 예를 들어, 모두 키가 187cm 정도인 사람을 떠올렸다면 말이다. 하지만 과연 그럴까? 아마 각자 다른 생각과 이미지를 떠올렸을 가능성이 크다. 어떤 사람은 186cm, 어떤 사람은 204cm, 어떤 사람은 190cm 등등. 이 문장을 전해 들은 사람이 동일하거나 최소한 비슷한 생각을 떠올리지 못했다면 이 문장은 객관을 담고 있다고 말하기 어렵다. 그럼 문장을 어떻게 바꾸는 것이 좋을까?

'매우' 대신에 '정말, 엄청나게, 대단히, 몹시' 등의 부사를 사용하면 도움이 될까? 그렇지는 않다. 부사는 상대방에게 말하는 이가 생각하는 내용을 정확히 전달하기에는 한계가 있다. 오히려 모호한 이미지를 떠올리게 할 가능성도 있다. 그럼 '매우 큰 키'를 어떻게 하면 객관을 담아 표현할 수 있을까?

"그의 키는 187cm이다."

이렇게 바꾸니 모든 사람이 떠올리는 이미지가 비슷할 듯하다. cm가 키를 측정하는 단위라는 걸 우리 모두 알고 있고, 대부분 자신의 키를 기준으로 187cm가 어느 정도인지를 알고 있으므로 비교적 같은 이미지를 떠올리기 쉽다.

과학적 표현의 객관성은 이렇게 '모든 사람이 알고 있는 기준'을 사용해서 '가능한 숫자로 떠올릴 때' 유지되기 쉽다. 그런데 이렇게 표현을 끝내도 뭔가 아쉬움이 남는다. 187cm는 그 사람의 키를 알려주는 것이지 '매우 크다'는 다른 사람의 키에 비해 어떻다는 상대적인 상태를 표현하기에는 어려움이 있기 때문이다. 그럼 다시 어떻게 바꾸어 표현해야 할까?

"그의 키는 187cm로, 한국 성인 남성 평균인 172.5cm보다 14.5cm 크다."

이렇게 표현하면 그가 다른 사람에 비해 큰 키이며, 그것도 14.5cm나 크니 몹시 큰 편이라는 느낌을 전달할 수 있다. 게다가 우리가 알고 있는 측정 단위인 cm를 사용하니 이미지를 떠올리기도 쉽다. 그런데 이렇게 바꾼다고 해도 문제가 있다. 객관은 어느 정도 확보되었지만 근거가 없기 때문이다. 여기서 제시한 성인 남성 평균은 몇 년도의 평균이란 말인가? 1961년의 평균인가, 아니면 2022년의 평균인가? 그리고 누가 조사하여 어디에 나온 평균 신장을 말하는 것인지가 제시되지 않았다.

그의 키는 187cm로, 2022년 국가기술표준원의 '제8차 한국인 인체치수조사' 결과 한국 성인 남성 평균 172.5cm에 비해 14.5cm 크다.

자, 이렇게 바꾸어 표현하면 객관과 근거가 모두 포함되어 있음을 알 수 있다. 이렇게 단순한 표현도 객관과 근거를 보여 주려고 노력하면 충분히 과학적 글쓰기 문장으로 바꿀 수 있다.

과학적 글쓰기를 위한 유의점

아마 눈치가 빠른 사람이라면 부사와 형용사를 최대한 사용하지 않고, 가능한 많은 표현을 숫자로 한다면 과학적 글쓰기에 가까워진다는 것을 알 수 있을 것이다.

과학적 글쓰기 표현을 위해 부사와 형용사를 가능한 줄이는 것이 가장 유념할 점이지만, 이외에도 몇 가지 유의점이 있다.

우선 피동태나 수동태의 서술보다는 능동태로 서술하는 것이 좋다. 예를 들어, 피동태 '생각된다'나 이중 피동태인 '생각되어진다'

는 표현을 하지 말고 '생각한다'로, '느껴진다'가 아니라 '느낀다'로 하는 것이 좋다.

애매한 표현도 피해야 한다. 과학은 객관과 근거를 지닌 명확한 표현을 좋아한다. 우리가 습관적으로 많이 사용하는 '~인 것 같다' '~인 듯하다' '~싶다'는 읽는 사람에게 자신감이 없는 느낌을 주며, 명확하게 자신의 의견을 제시하고 싶지 않을 때 사용하는 표현처럼 보인다. 그러니 '상관관계가 있는 것 같다.'라고 표현하지 말고 '상관관계가 있다.'라고, '청소년의 자아존중감이 낮은 듯하다.'가 아니라 '청소년의 자아존중감이 낮다.'라고 해야 한다. 그리고 '생강은 항균 효과가 있다고 생각한다.'라는 표현에서 '~라고 생각한다'는 사실 군더더기 표현이다. '생강은 항균 효과가 있다.'라고 표현하는 것이 더 명확한 표현이 된다.

그 밖에 주어와 서술어가 일치되도록 신경 써야 하고, 내용의 근거가 되는 문헌 등은 본문이나 참고 문헌에 꼭 밝혀 주며, 본문은 표나 그래프를 적극적으로 활용해서 읽기 편하게 구성해야 한다.

자, 그럼 연습문제라고 생각하고 다음 한 학생의 탐구보고서 내용을 과학적 글쓰기로 바꿔 보자.

제가 조사한 바로는 이전 연구에서는 청소년의 운동량이 부족한 것 같다고 한다.

따라서 앞으로 이와 관련된 연구가 필요하다고 생각한다.

또한, 실제로 청소년의 운동 시간은 공부 시간 대비 현저히 적은 듯하다.

우선 첫 번째 줄을 보자. '제가 조사한 바로는 이전 연구에서는' 이 문제다. 당연히 조사는 본인이 했으니 '제가 조사한'은 불필요한 서술이다. 게다가 조사한 연구는 당연히 '이전 연구'이지 미래 연구는 아닐 테니 이것도 불필요하다. '~같다'라고 하지 말라고 앞에서 당부했으니 이것도 빼자.

두 번째 줄은 어떨까? '~라고 생각한다'는 표현도 되도록 하지 않는 것이 좋다. 생각했으니 썼을 것이다.

마지막 세 번째 줄의 '실제로'라는 부사는 마치 '실제가 아닌 가짜로, 거짓으로'를 염두에 둔 것처럼 보이고, '현저히'라는 부사도 얼마나 그런지를 명확하게 나타내지 못하며, '~듯하다'는 표현은 그 자체로 애매함을 표현하니 사용하지 말아야 한다. 이렇게 고쳐 놓고 보면 다음과 같은 문장이 된다.

선행 연구에 따르면 청소년의 운동량이 부족하다고 한다.

따라서 앞으로 이와 관련된 연구가 필요하다.

또한, 청소년의 운동 시간은 공부 시간 대비 적다.

이렇게 과학적 글쓰기로 정리하고 보니 글이 매우 짧아진다. 짧게 쓰면 시간도 절약되고 어떤 단어를 사용해야 할까 고민하지 않아도 되는데 왜 다들 부사, 형용사를 넣고 이런저런 애매한 표현을 담은 긴 문장을 쓰는 걸까? 아무래도 일상적으로 말하는 스타일을 그대로 글로 옮겨 놓는 것에 익숙한 데다, 길게 쓰면 뭔가 많은 것을 글에 담으면서 노력한 모습으로 보일 것이라 기대하기 때문이다. 그래서 석·박사논문의 쪽수도 늘어나는 경향이 있다. 과학적 글쓰기는 사실(팩트)만 담으면 되므로 문장이 길어지는 것은 좋지 않다.

과학적 글쓰기의 유의 사항

부사나 형용사는 줄여서 명확하게 표현하기

근거는 반드시 밝히고 참고 문헌에도 넣기

피동/수동태 문장보다 능동태 문장 사용하기

주어와 서술어 일치를 염두에 두고 지키기

'듯하다, 싶다, 같다'는 사용하지 말기

표나 그래프를 활용해 읽기 편하게 구성하기

분량, 구성, 양식은 어떻게 하면 될까

학생들은 탐구보고서는 몇 쪽 정도의 분량이 적당한지 궁금해한다. 탐구보고서를 몇 쪽을 써야 하는지는 주제에 따라, 조사 방법에 따라 다르다. 하지만 일반적으로 학생들이 쓰는 탐구보고서는 대략 8~12쪽 정도라고 생각하면 된다. 분량이 많아지는 가장 큰 이유는 조사 방법과 결과에 그래프, 표, 사진 등의 이미지가 많이 들어가는 경우인데, 이럴 땐 분량이 많아지는 것에 대해 걱정할 필요는 없다. 학생에 따라서는 20쪽이 넘어가는 탐구보고서를 작성하기도 하고, 어떤 학생은 7쪽 정도로 간략하게 실험 결과만 보여주는 탐구보고서를 제출하기도 하니 분량을 어떻게 해야 하는지 부담을 가질 필요는 없다.

그래도 다른 학생들의 분량을 참고로 말하자면, 목차별로 '탐구 배경과 필요성'은 1쪽 정도, '탐구 목적과 모형'은 0.5쪽 그리고 '결론 및 논의'는 2쪽 정도면 충분하다. 선행 연구는 찾아본 문헌에서 주제와 관련된 내용이 많다면 많이 써도 좋고, 그렇지 않다면 1~1.5쪽 정도만 써도 좋으니 분량에 구애받지 말자. 나머지 '탐구 방법'과 '탐구 결과'는 글로 서술하는 문장은 짧게 하고 그래프, 표, 이미지는 되도록 많이 넣는 것이 좋다. 분량은 상관없다.

탐구 방법과 탐구 결과에 이미지 등을 많이 넣는 것은 후배들이 비슷한 주제의 탐구활동을 하거나, 본인의 탐구활동과 같은 주제를 다시 한 번 반복해서 탐구할 때 참고하도록 해야 하기 때문이다. 과학은 한 번의 연구로 진리를 밝힐 수 없으니 같은 주제라도 반복해서 연구하여 "100번 연구했어도 같은 결과가 나오니 100% 이 결과는 진리라고 말할 수 있습니다."라는 확률적 진리를 추구하는 앎의 방식이다. 따라서 나중에 탐구활동(연구)을 하는 학생들이 자신의 탐구활동을 참고할 수 있도록 친절하게 탐구보고서를 작성해야 한다.

탐구보고서 본문의 글자체(폰트)나 크기 등도 궁금해 하는데, 정해진 것은 없다. 하지만 학교 차원에서 운영하는 프로그램이라면 표준적인 양식을 정해 놓도록 하자. 가장 많이 사용하기도 하고, 또 아톰이 멘토링에서 사용하는 양식은 글자체는 바탕체, 글자 크기는 11, 줄 간격은 160%, 쪽 번호는 아래쪽 가운데로 한다. 표준 양식에 따라 탐구보고서를 작성하면 나중에 학생들이 제출한 탐구보고서를 책자로 만들어 도서관에 비치해 두고 후배들이 읽어 보도록 할 때도 보기 좋고 체계적으로 관리하기도 쉽다.

그래프, 표 그리고 사진이나 그림 등의 이미지를 넣는 방식도 논문이나 보고서에 따라 다르지만, 학교 차원에서 표준 양식을 마련해 두면 좋다. 아톰이 추천하는 양식은 일단 표는 '표'라는 카테고리로 통일하고, 그래프와 그림, 사진 등은 '그림'이라는 카테고리로 통일하는 방식이다. 이는 교육 관련 기관의 보고서 형식인데 반드시 이렇게 할 필요는 없고 표, 그래프, 그림, 사진 등을 따로 카테고리로 구분해도 좋다.

그래프, 표, 그림이나 사진 등 이미지를 본문에 삽입할 때는 위나 아래에 삽입할 표나 그림의 제목을 달아 주는 것이 과학적 글쓰기의 기본이다. 표나 그림의 제목을 다는 방식도 기관이나 학과 등에 따라 각기 다른데, 역시 표준 양식을 정해서 학생들에게 알려 주면 혼란이 없다. 아톰이 사용하는 방식은 '표'와 '그림'이라는 2개의 카테고리만 사용해서, 표나 그림의 위쪽 가운데에 위치하도록 홑화살괄호(〈 〉) 안에 제목을 넣는 것이다. 표와 그림은 탐구보고서에 담긴 순서대로 〈표 1〉 〈표 2〉 〈그림 1〉 〈그림 2〉처럼 번호를 붙이고 제목을 써 주면 된다.

탐구보고서는 학위논문만큼 엄격한 과학적 글쓰기는 아니니 목차는 학생들이 자유롭게 정해도 상관없다. 하지만 학생들이 많이 사용하는 흐름과 양식이 있으니 이를 참고하는 것도 도움이 된다.

표 2. 학년별 평균 수면 시간과 학습 집중력 (예시)

	평균 수면 시간	학습 집중력
1학년	6.7	43
2학년	6.3	44
3학년	6.1	45

표 2. 학년별 평균 수면 시간과 학습 집중력 (예시)

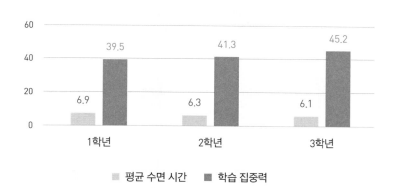

주로 사용하는 목차는 다음과 같다.

1. 탐구 배경과 필요성

2. 탐구 모형과 가설

3. 선행 연구

4. 탐구 방법

5. 탐구 결과

6. 결론 및 논의

[참고 문헌]

[부록]

    물론 '1. 탐구 배경과 필요성'을 '1. 왜 이런 탐구활동을 하게 되었나' 등 자기만의 제목으로 바꾸어도 좋고, '2. 탐구 모형과 가설'은 탐구보고서에 꼭 필요한 내용은 아니니 목차에서 제외해도 상관없다. '탐구 방법'과 '탐구 결과' 이외의 목차에 너무 신경 쓸 필요는 없다. 그럼 목차별로 어떤 내용을 담는지, 어떤 점을 유의해야 할지 알아보자. ●

탐구 배경과
필요성

가장 먼저 써야 하는 내용은 왜 이런 의문을 탐구활동 주제로 삼았는지, 이 주제로 탐구활동을 해야 하는 필요성은 무엇인지에 대한 이야기다. 탐구 배경은 의문을 가지게 된 개인적인 경험을 써도 되고, 의문을 가지게 된 기사나 동영상을 보고 느낀 점을 써도 좋다. 단, 너무 길게 개인적인 이야기를 하지 않도록 하자. 구체적인 경험을 이야기 형식으로 쓰고 싶다면 너무 길지 않게 쓸 경우 좋은 서술 방식일 수 있다.

얼마 전에 친구들과 SNS로 대화를 나누고 있었는데 동생이 "언니 이 말이 무슨 말이야?"라고 물어서 "이 말? 글쎄 잘 모르겠는데. 하지만 맨날 쓰는 말이야."라고 대답해 주었다. 하지만 궁금해서 이튿날 선생님께 여쭤보니 그 말의 어원은 대단히 좋지 않은 것이란 말을 듣고 충격을 받아서 주위 친구들에게 혹시 그 말이 무슨 뜻인지 아는지 물어보니 아무도 모르고 있었다. 우리는 자신이 어떤 말을 쓰고 있는지 모르면서 그저 편하고 익숙하고, 심지어 더 멋있어 보인다는 이유로 그 말을 쓰고 있었던 것이다. 그 말의 뜻을 알고 있는 사람이 우리 대화를 들었다면 우리를 어떻게 생각할까? 우리는 혹시 더럽고 상한 음식을 먹을까 봐 조심하고, 손에 묻은 균이 입으로 들어갈지 몰라 열심히 손을 씻으면서도 스스로 뱉어 내는 말이 깨끗한지 더러운지, 상대방에게 상처를 주는 말인지에 대해 생각하지 않고 있다.

  왜 이런 주제를 잡았는지 설명하는 가장 좋은 방법은 궁금증을 갖게 된 상황을 쓰는 것이니 멋지게 표현하지 말고 그저 사실을 쓰면 된다. 작은 에피소드에서 주제를 잡았다고 부끄러워하지 말고, 오히려 자신의 경험과 생각을 통해 주제를 잡았다고 자랑스럽게 생각하자. 그리고 개인적인 경험과 느낌이 왜 시간과 노력을 들여 탐구해야 할 주제로 연결되어야 하는지 그 필요성을 이야기하려면 약간의 사회적 의의도 담아야 한다. 예를 들어 다음과 같이 서술하면 좋다.

시골 할머니 댁에 갔을 때 무릎을 다쳤는데 할머니께서 급하게 된장을 상처 부위에 발라 주셔서 놀란 경험이 있다. 나중에 알아보니 장류에 항균 효과가 있다는 것을 알게 되어 고추장과 간장에도 항균 효과가 있는지, 있다면 된장, 고추장, 간장 중 어떤 것이 항균 효과가 가장 큰지 알아보고 싶어졌다. 화학 성분의 소독제가 가지고 있는 부작용을 줄이기 위해서라도 향후 전통 장류의 항균 성분을 분석해 천연 물질을 활용한 소독제 등을 만들어 보고 싶다.

대학 입시 면접에서 생기부에 기재된 탐구활동의 제목을 보고 궁금증을 가진 입학사정관이 가장 먼저 물어볼 수 있는 질문은 "왜 이런 주제에 관심을 가지게 되었나요?"이다. 일상적인 의문을 가지고 주제로 다듬는 과정을 얼마나 과학적으로 했는지, 즉 과학적 사고법을 평가하려는 의도에서 물어보는 것이다. 그러니 이에 대비해 '탐구 배경과 필요성'을 어떻게 대답하면 좋을지 미리 생각하면서 담아 놓으면 따로 고민할 필요가 없다. 이때 지나치게 개인적 배경과 목적만 말하는 것보다는 개인적인 의문을 사회적 의의로 연결해 말할 필요가 있다. 탐구활동의 의의와 가치를 주장해 보는 것이다.

이를 위해 의문과 관련된 기사나 뉴스 등을 언급해 주면 좋다. 청소년의 언어 건전성 관련 탐구활동을 한다면 앞서 이야기한 동생과의 대화에서 느낀 의문과 함께 이 문제를 다룬 기사 내용을 요약해서 쓰고, 이런 사회문제를 해결하기 위해서는 우선 현상 파악이 중요하다는 점을 강조하면 된다. 그래프나 통계 자료가 제시된 최근 기사라면 더욱 좋고, 적절한 기사가 없다면 보고서 등 자신이 찾아본 내용을 언급해도 된다.

탐구 배경과 필요성의 마지막에는 탐구의 목적을 다음과 같이 2~3줄로 간단히 써 주도록 하자.

이번 탐구활동은 우리 전통 장류인 고추장, 된장, 간장의 항균 효과에 어떤 차이가 있는지를 밝히고자 하는 것이 목적이다. ●

탐구 모형과
가설

의문에서 주제로 바꾸는 내용을 이야기한 〈Chapter 3. 주제 다듬기 ― 과학적 사고법 ②〉에서 살펴보았던 탐구 모형과 탐구 가설을 담으면 된다.

탐구 모형은 명사형의 서술이 들어간 동그라미 2개를 한쪽 화살표나 양쪽 화살표로 이어서 만든다. 모형과 가설은 정말 단순하게 모형 그림과 한두 줄의 가설만 쓰면 되는 분량으로는 0.5쪽을 넘지 않는다. 그런데 학생들이 탐구보고서 작성에서 가장 어려워하는 부분이 바로 모형과 가설이다.

모형과 가설은 탐구보고서에 절대적으로 필요한 내용은 아니니 자신이 없거나 실태나 인식 조사와 같이 모형이나 가설이 존재하지 않는 탐구활동이라면 생략해도 좋다. 주제를 다듬는 단계에서 모형과 가설을 만드는 것이 좋긴 하지만, 만일 충분한 시간적 여유가 없다면 조사가 끝나고 탐구보고서를 쓰면서 만들어 넣어도 좋다. 모형과 가설이 있다면 자신의 탐구활동을 정확하게 전달할 수 있다는 장점이 있으니 되도록 모형과 가설을 만들려고 노력해 보자. ●

선행
연구

선행 연구는 탐구활동을 시작하는 단계에서 주제와 관련하여 찾아보았던 이전 논문이나 보고서 등의 내용을 담는 항목이다. '관련 연구 검토'라고도 하는데, 학술적 논문에서는 '이론적 배경'이라고도 한다. 선행 연구나 이론적 배경이라고 하니 뭔가 거창한 걸 써넣어야 할 것처럼 느껴지지만 겁먹을 필요는 없다.

선행 연구에는 주제와 관련하여 참고했던 문헌과 자료에서 찾아보았던 내용을 적절하게 말이 되도록 옮기면 된다. 너무 자세하게 논문 하나하나, 보고서 하나하나의 내용을 옮길 필요는 없다. 대략 어떤 연구가 있었고, 그 연구에서 어떤 내용이 나의 주제와 연결이 되었는지를 쓰면 된다.

선행 연구는 우선 자신이 어떤 연구를 참고했는지 밝히는 것이 가장 큰 목적이지만, 탐구보고서를 읽는 독자는 주제에 대한 지식과 정보가 부족할 수 있으니 이를 채워 주기 위한 것도 목적이다. 그래서 주제와 관련해서 기본이 되는 정보나 지식, 예를 들어 플라시보 효과의 정의나 간단한 사례 등을 넣어 주어야 한다.

선행 연구에 대중 교양서나 신문·잡지 기사, 인터넷 뉴스를 넣고 싶다면 핵심적인 것만 2~3개를 골라 요약해서 언급하면 된다. 탐구활동도 과학적 글쓰기이니 가능한 논문이나 보고서를 중심으로 선행 연구 목차를 채우는 것이 좋다. 석·박사논문을 선행 연구에 넣기 위해 읽어 봐야 할 때는 우선 논문 맨 앞에 있는 '초록'이나 '요약'이라는 부분을 먼저 읽고 '결론' 부분을 다음에 읽도록 하자. 욕심내서 두툼한 논문을 모두 읽으려 하다가는 지치기도 하고, 오히려 논문 읽기가 탐구 의욕을 저하시키는 부작용이 발생하니 조심하자. 초록과 결론을 읽어 보니 자신의 주제와 정말 잘 맞는다고 생각하면 연구 배경부터 이론적 배경까지 훑어보듯이 읽어 보면 좋다.

선행 연구에 담을 논문과 보고서는 2~6개 정도면 충분하다. 그 이상을 욕심내는 것은 무리이며, 학위논문을 쓰는 것도 아니니 그럴 필요도 없다. 선행 연구를 너무 길게 쓰면 왠지 문헌조사가 중심인 탐구활동처럼 보이기도 하니 실험조사, 설문조사 등을 별도로 하는 탐구활동이라면 굳이 길게 쓸 필요가 없다. 하지만 주제가 순수하게 문헌조사만 하고 논리를 만들어 풀어내야 하는 것이라면 선행 연구를 자세하고 길게 써야 한다. 문헌조사 중심 탐구활동은 어떤 문헌을 얼마나 읽어 보았느냐가 탐구활동의 질을 결정하기 때문이다.

간혹 너무나 특수한 주제라서 학술논문이나 보고서가 없는 경우도 있을 것이다. 이럴 때는 신문·잡지 기사나 뉴스, 인터넷 영상 등을 중심으로 선행 연구를 써도 상관없다. 다만 이렇게 관련된 논문이나 보고서가 아예 존재하지 않는 주제라면 학술적인 연구 대상이 아닐 수도 있으니 선생님과 한번 상의해서 이 주제를 꼭 써야 하는지에 대해 검토해 보길 권한다.

선행 연구의 마지막에는 아래의 예시처럼 전체를 요약하거나 해설하는 문장을 넣으면 가장 좋다. 이렇게 하면 보고서를 읽는 사람에게 선행 연구에 적힌 내용을 읽으면서 이 탐구활동에서 무엇을 밝히고자 하는 것인지 명확하게 다시 알려 줄 수 있다.

위에서 살펴본 바와 같이 여러 선행 연구가 있었지만 아직은 본 주제와 관련해 고등학생을 대상으로 한 분석은 없었으며, 특히 SNS의 사용이 확대되는 현재 상황을 고려해 볼 때 SNS상의 건전한 언어 사용에 대한 현상 파악이 필요하다.

선행 연구를 살펴보니 이런 느낌(고등학생 연구는 없어서 아쉬웠다)이 들고, 그래서 앞에서 말한 배경(SNS 사용이 확대되는 현 상황)을 고려하면 이런 주제(SNS상의 언어 사용의 건전성 파악)의 탐구활동이 꼭 필요하다는 내용으로 마무리하면 된다. ●

탐구 방법

어떤 조사 방법을 사용해서 탐구활동을 했는가를 써 주는 목차가 '탐구 방법'인데, '조사 방법'이나 '분석 방법'이라는 이름으로 쓰이기도 한다. 탐구 방법에서는 가장 먼저 자신이 어떤 조사법을 사용했는지를 밝힌다. 자신의 조사법이 단순한 문헌조사나 설문조사인지, 사례조사와 설문조사인지, 관찰조사와 설문조사를 병행한 것인지를 써야 한다. 인문사회과학 실험에서도 설문조사가 포함되는 경우가 많다고 말했는데, 이 경우는 특별히 '병행했다'고 표현하지 않고 실험조사라고 하면 된다.

탐구 방법에 써야 하는 항목은 '조사 기간', '조사 대상', '조사 도구', '조사 절차와 과정'으로 크게 나눌 수 있다.

1. 조사 기간

언제부터 언제까지 설문조사를 했는지, 실험조사를 했는지 등을
쓴다.

2. 조사 대상

설문조사라면 누구를 대상으로 몇 명을 했는지, 실험조사라면
어떤 물질이나 재료를 대상으로 했는지 쓴다. 문헌조사라면 어떤
문헌인지, 사례조사라면 어떤 사례인지를 구체적으로 쓴다.

3. 조사 도구

실험조사라면 어떤 실험 도구를 어떤 과정에서 사용했는지 쓴
다. 설문조사라면 설문 문항은 무엇을 참고해서 만들었고, 몇 문항
이며, 종이 설문지를 사용했는지 아니면 구글폼을 사용했는지를
구체적으로 쓴다. 설문 문항은 보고서 마지막의 '부록'에 담으면
되니 여기에 설문 문항 자체를 옮겨 넣을 필요는 없다.

4. 조사 절차와 과정

실험조사라면 어떤 과정으로 진행되었는지 자세하게 써야 해서
3~4쪽 분량이 되기도 한다. 실험은 준비 과정은 물론이고 도구를

사용하는 모습을 사진으로 찍어서 여기에 담아야 하니 분량은 신경 쓰지 말고 최대한 자세하게 쓰도록 하자. 생물이나 화학 관련 실험이라면 어떤 시약, 어떤 측정기기를 사용했는지도 밝히고, 광고 실험이라면 실험에 사용할 광고물을 어떻게 만들었는지 쓰고 사용한 광고 이미지를 사진으로 넣어 주어야 한다.

위 항목을 소제목으로 나눠서 작성해도 좋고, 간단하게 쓸 수 있으면 다음과 같이 문장으로 표현해도 무방하다. 다만 문장으로 하는 경우 구체성이 떨어질 수 있으니 되도록 번호를 붙여 나누어서 서술하는 것이 좋다.

항목을 구분하지 않고 쓰는 경우

설문조사에 사용한 설문지는 선행 논문 〈수면 시간이 청소년 학업 스트레스에 미치는 영향〉에서 사용한 설문지를 사용했다. 조사는 2024년 7월 11일부터 7월 15일까지 ○○고등학교 2학년 학생 120명을 대상으로 하여 30명의 응답을 받았다. 방법은 설문 문항이 담긴 구글폼 링크를 학생들의 SNS에 전달한 후, 링크에 접속하여 응답하도록 하였다. 그 후 추가로 11월 2일에서 4일까지 3명의 학생을 선정하여 인터뷰 조사를 했다. 인터뷰는 방과 후 교실에서 진행했다.

항목을 구분하여 쓰는 경우

탐구를 위하여 ○○고등학교 2학년 학생을 대상으로 수면 시간과 학업 스트레스에 대해 다음과 같이 설문조사를 실시하였다.

- 대상: ○○고등학교 2학년 총 120명 중 30명이 설문조사에 응답해 주었다.
- 일정: 2024년 7월 11일부터 7월 15일까지 5일간 실시하였다.
- 설문 문항: 설문 문항은 수면 시간을 물어보는 1개 문항과 학업 스트레스를 측정하는 10개 문항으로 총 11개 문항으로 구성하였다. 설문지는 탐구보고서 마지막에 부록으로 첨부하였다.
- 설문 방법: 설문은 구글폼을 활용하여 온라인으로 실시하였으며, 구글폼의 링크를 대상자에게 SNS로 전달하여 접속하도록 하였다.
- 추가 사항: 설문조사에 대해 추가로 확인할 사항이 있어 11월 2일에서 4일까지 매일 한 명씩 방과 후 교실에서 인터뷰를 실시하였다. ●

탐구
결과

'조사를 해 보니 이런 결과를 얻었다.'를 탐구 결과에서 이야기하면 된다. 탐구 결과는 탐구보고서에서 가장 중요한 부분이지만 가장 담백하게, 군더더기 없이 서술해야 하는 부분이기도 하다.

탐구 결과를 가장 잘 보여 주는 방법은 숫자를 활용하는 것이다. 표나 그래프 등으로 보여 주면 가장 좋다. 한눈에 사실 중심의 결과를 파악할 수 있기 때문이다. 문헌조사나 사례조사는 논리를 만들고, 이 논리가 맞는지를 글로 풀어내는 방식으로 탐구 결과를 쓸 수밖에 없지만, 이 경우에도 결과를 요약해서 표로 만들어 한눈에 보기 좋게 제시하는 것이 좋다.

간혹 그래프로 결과를 제시하면서 멋지게 보이고 싶어서 그래프에 그림자를 넣거나 3D 그래프를 그리는 학생이 있는데 그럴 필요는 없다. 그래프를 예쁘게 보여 주는 것도 좋지만, 그래프에 과도한 효과를 넣는 것은 오히려 읽는 것을 어렵게 만들 뿐이다. 탐구보고서의 결과 제시는 파워포인트로 발표하는 것과는 다르기 때문에 너무 꾸미려고 시간과 노력을 들일 필요가 없다.

그래프를 넣는다면 무엇을 보여 주고 싶은가의 목적에 따라 그래프 종류를 다르게 사용하는 것이 좋다. 예를 들어, 막대그래프는 두 집단이나 세 집단의 비교에, 꺾은선 그래프는 시간에 따른 변화를 보여 주는 데, 원그래프는 비율을 보여 주기에 적절하다. 설문조사의 한 문항에서 나온 대답 중 어느 것이 가장 많았는지를 보여 주려면 원그래프가 좋다.

만일 구글폼으로 설문조사를 했다면 그래프를 그대로 복사해서 탐구보고서에 담으면 된다. 단, 막대그래프나 원그래프로 나오는 구글폼의 결과는 그래프에 응답자 수(명)나 비율(%)이 나오지 않거나, 12.2%가 아니라 12%로 소수점 이하가 표시되지 않는 경우가 발생한다. 학술적 연구는 비율을 많이 이용하는데, 비율을 보여 줄 때는 기본적으로 소수점 이하 한 자리까지는 제시해야 한다.

실태와 인식 관련 설문조사에서 문항이 너무 많다면 문항별로 그래프를 보여 줄 수밖에 없는 탓에 탐구보고서 분량이 늘어나기도 한다. 이런 경우 핵심적인 문항을 그래프로 보여 주고, 그렇지 않은 문항은 표로 묶어서 제시하는 것도 방법이다. 하지만 15개 이내의 문항이라면 문항별로 따로따로 그래프를 제시하도록 하자.

상관관계 조사 탐구활동이라면 산포도와 상관계수만 보여 주면 된다. 혹시 몰라 모든 문항별 그래프를 담는 학생도 있는데, 주제와도 맞지 않을 뿐만 아니라 설문의 특성상 문항 수가 많기 때문에 엄청난 분량이 나오니 문항별 결과는 담지 말아야 한다.

그래프나 표를 제시할 때 '설문조사의 결과는 〈표 3〉과 같다.'라고 한 줄로 언급하는 것보다는 독자들이 이해하기 쉽게 다음과 같이 문장으로 한 번 설명해 주는 것이 좋다.

〈표 3〉에서 보는 바와 같이 고등학생들이 가장 많이 사용하는 비속어와 은어는 친구를 부르는 호칭(35.2%)이었으며, 그다음이 감정을 표현하는 말(24.5%), 용어의 줄임말(12.9%) 등의 순으로 나타났다.

결과를 담백하게 보여 주면 되니 그냥 그래프나 표만 쭉쭉 그려서 넣으면 되는 것 아니냐고 생각할지 모르지만, 탐구보고서도 다른 사람에게 읽히기 위한 글쓰기이니 친절하게 써야 하고 몇 줄이라도 설명을 덧붙여야 한다. 특히 강조하고 싶은 결과가 있을 때는 문장을 활용해 강조한다는 의미를 부각시켜야 한다. 또 하나 주의할 점은, 조사 결과는 사실 중심으로 쓰고 창의적인 해석을 덧붙이지 않도록 조심해야 한다는 점이다.

청소년의 운동량에 따라 학업 만족도는 어떻게 다른가를 조사한 결과, 〈표 5〉에서 보는 바와 같이 운동량이 많을수록 학업 만족도가 높은 것을 알 수 있었다. 다시 말해 운동량이 많을수록 **학생들은 스트레스를 해소할 수 있어서 공부에 집중할 수 있고, 이로 인해 성적이 향상되어 학업 만족도가 높아진다는 것을 알 수 있다.** 따라서 앞으로 학교 교육 현장에서는 학생의 운동량을 높일 수 있는 교육 대책을 마련할 필요가 있을 것이다.

위 문장을 보면 학생은 〈청소년의 운동량과 학업 만족도 조사〉를 하고 결과를 잘 이야기하는 것처럼 보이지만, 사실은 크게 잘못된 서술이다. 왜 그럴까? 굵게 강조한 부분을 주의 깊게 보자.

우선 이 학생은 친구들에게 평소 일주일에 얼마나 운동을 하는지와 학업에 대해 얼마나 만족하고 있는지에 대한 설문조사를 했다. 그러고는 운동량을 기준으로 가장 많은 집단, 많은 집단, 중간

집단, 적은 집단, 가장 적은 집단의 5개 집단으로 나누고, 집단별로 100점 만점의 학업 만족도 점수를 계산해 보니 운동량이 많은 집단일수록 학업 만족도 평균 점수도 높다는 결과를 얻었다. 그렇게 해서 운동량과 학업 만족도의 관계를 알아냈다.

하지만 이 학생은 스트레스에 대한 조사를 한 적은 없다. 그러니 운동량과 스트레스의 관계, 그리고 스트레스와 학업 만족도와의 관계를 파악할 수는 없다. 어쩌면 운동을 잘한다는 건 그만큼 머리가 좋다는 것이고, 머리가 좋으니 성적이 좋고, 그래서 자신의 학업 성취도에 만족하는 것일지도 모르지만 스트레스 해소와는 관계가 없을 수도 있다. 그런데 이 학생은 탐구보고서의 결과에 자신이 머릿속에서 상상한 해석을 집어넣어 버리면서 과학적 글쓰기가 아닌 객관과 근거가 없는 소설로 만들어 버렸다.

그래서 결과를 써 내려갈 때는 담담한 마음 자세가 필요하다. '아, 이런 결과가 나온 것은 아마도 이런 이유일 거야.' '아마 이런 결과는 이런 식으로 활용하면 참 도움이 되겠지.' 등의 혼자만의 생각과 상상을 넣으면 안 된다. 자신의 탐구 결과가 더 멋지게 해석되고, 더 멋지게 활용되기를 바라겠지만 그걸 밖으로 꺼내 보이는 순간 탐구보고서는 과학적인 연구 성과가 아니라 미래의 소망을 담은 일기장이 되어 버리고 만다. 그러니 그냥 결과에서 도출된 사실만 써 주자. 해석과 설명이 정말 쓰고 싶다면 목차 '결론 및 시사점'에서 상상력을 충분히 발휘해서 쓰도록 하자.

청소년의 운동량에 따라 학업 만족도는 어떻게 다른가를 조사한 결과, 〈표 5〉에서 보는 바와 같이 운동량이 많을수록 학업 만족도가 높은 것을 알 수 있었다.

탐구 결과를 잘 쓰려면 우선 그래프나 표 그리고 숫자로 담담하게 제시하는 것이 가장 중요하고, 다음으로는 카테고리를 만들어 나누어 쓰는 것이다. 예를 들어, 〈청소년 결혼과 출산에 대한 인식 조사〉를 했다면 문항별로 카테고리(소목차)를 만들어 그래프를 제시하고 짧은 설명을 붙이는 것이 좋다.

1. 결혼 희망 연령
2. 결혼 희망 이유
3. 결혼 기피 이유 …

수면 시간과 학습 집중력 그리고 학습 만족도의 상관관계를 구하려는 탐구활동이라면 3가지 상관관계별로 카테고리를 나누어서 결과를 쓰면 된다.

1. 수면 시간 - 학습 집중력의 상관관계
2. 수면 시간 - 학습 만족도의 상관관계
3. 학습 집중력 - 학습 만족도의 상관관계

〈천연 물질과 천연 물질의 조합별 항균 효과의 차이 조사 : A, B, C 물질 중심으로〉라는 실험이라면 크게 2개의 카테고리로 나누고 표를 각각 따로 넣는다면 쉽게 읽힐 수 있다.

1. 천연 물질별 항균 효과
2. 조합별 항균 효과

혹시 카테고리(소목차)가 10번까지 길어졌는데 카테고리를 모두 아우르는 종합적인 결과를 표를 사용해서 제시하려 한다면 마지막에 '11. 종합 결과'라는 카테고리를 하나 만들어서 넣는 것이 좋다. ●

결론 및
논의

결론 및 논의는 일단 '탐구 배경과 필요성'부터 '탐구 결과'까지의 내용을 요약하고, 그중 가장 중요한 결과에 대해 다시 한 번 강조하는 '결론' 부분과, 탐구 결과에 대한 시사점이나 영향에 대해 자유롭게 이야기하는 '논의' 부분으로 나누어진다. 그래서 '결론 및 시사점'이라는 제목으로 목차가 설정되기도 한다.

결론은 최종적으로 말하고 싶은 부분을 말하기도 하지만, 전체 탐구활동을 한 번에 보여 주는 의미도 담고 있다. 그래서 이전까지의 탐구보고서 내용을 요약하는 것이다. 결론은 이미 한 번씩 앞에서 다루었던 내용의 요약이니 길게 쓸 필요는 없다. 다시 한 번 강조하고 싶거나 중요하다고 생각되는 내용을 중심으로 쓰면 된다.

탐구 결과까지는 친절하게 써야 하지만 결론은 그럴 필요는 없다. 그다지 중요하지 않다고 판단되는 탐구 결과라면 과감히 생략해도 상관없다. 그래서 결론에서는 표나 그래프를 넣지 않는 것이 일반적이다.

탐구보고서에는 결론보다 논의나 시사점이 더 중요하다. 결론을 쓰기 위한 요약과 강조가 끝났다면 과학적 방법론의 압박감에서 조금 벗어나서 크게 숨을 쉬어 보자. 논의는 선행 연구에서 살펴보았던 논리나 이론이 탐구 결과와 얼마나 잘 맞는지, 아니면 맞지 않는지를 이야기해 보거나, 탐구 결과를 어떻게 이해하면 좋을지에 대해 해석을 시도해 보는 부분이다.

이 책 맨 앞에 소개한 플라시보 효과 실험에서 학생들은 45%보다 15%의 카페인 음료에서 플라시보 효과가 더 높게 나타나는 탐구 결과를 얻었다. 하지만 탐구 결과를 얻은 것에 만족하지 않고, 함량이 더 낮은데도 왜 플라시보 효과가 높은지 이유가 알고 싶었다. 그래서 이를 알아보려고 실험 참가 학생 몇 명을 인터뷰했고, 그 과정에서 '중독에 대한 불안'이 영향을 미친 것이 아닐까 하고 해석하게 되었다.

해석은 객관과 근거를 가진 과학적 해석이 아니어도 상관없다.

이렇게 저렇게 해석해 보고, 만일 이 해석이 맞는지가 궁금하면 다음 학기 탐구활동에서 〈심리적 불안이 플라시보 효과에 미치는 영향 조사〉를 해 보면 된다. 해석은 다음의 과학적 탐구를 위한 발판이 된다.

과학에서는 이 해석이 중요하다. 다음을 위해 계속 연구가 진행되고, 새로운 발견으로 이어지기 위해서는 과학자들은 엄격한 근거가 아니라 할지라도 작은 근거를 가지고 해석해 보고, 이 해석이 과연 맞는 것인지를 증명하면서 진리를 추구한다. 그래서 높은 평가를 받는 탐구보고서를 쓰고 싶다면 반드시 탐구 결과를 해석해서 제시할 수 있어야 한다. 해석을 위해서는 탐구 결과가 나온 후에도 추가적으로 관련된 공부를 하거나 인터뷰 등이 필요하다.

만약 마늘, 생강, 양파 중에 양파의 항균 효과가 가장 높게 나타났다면 '왜 양파인가?' '마늘과 생강에는 없는 양파의 성분은 무엇인가?' '그 성분의 항균 효과 관련 선행 연구는 있는가?' 등을 찾아보고 해석을 해 보자.

대학 입학사정관이 자주 하는 질문인 "왜 이 주제의 탐구활동을 하게 되었나요?" "그래서 결과는 어떻게 나왔나요?" "탐구활동에서 무엇을 배우고 어떤 의의가 있나요?"에서 해석은 마지막 질문에 대응할 수 있는 대답이 된다. "이러이러한 결과가 나왔는데 그 이유는 이렇다고 해석할 수 있었습니다. 그래서 앞으로 저는 대학에 진학해서 그 이유를 좀 더 깊게 공부하고 싶습니다."라고 진로와 관련지어 대답한다면 높은 면접 점수를 기대할 수 있을 것이다.

예를 들어, 〈청소년의 SNS상 사용 언어의 불건성에 대한 조사〉의 선행 연구와 탐구 결과를 바탕으로 다음과 같은 해석을 할 수도 있다. 해석하는 부분이니 '생각한다'나 '듯하다'라는 약간은 애매한 표현도 허용되며, 자유로운 상상력을 동원하는 것도 허용된다.

기존의 관련 연구에서 청소년의 불건전한 언어 사용에는 미디어의 영향, 특히 예능 프로그램이나 대중가요의 영향이 있다는 결과가 있었는데, 이번 탐구 결과에도 SNS 속 비속어와 은어를 지상파와 케이블TV를 통해 접한다는 응답자가 있었다. 하지만 탐구 결과, 미디어보다는 일상생활에서 친구 등 또래집단으로부터 비속어와 은어를 접하게 되었다는 응답자가 많았다. 이런 결과는 청소년의 언어생활에 또래집단의 영향력이 더욱 커지고 있는 것을 반영하고 있다고 생각할 수 있다. 그리고 불건전한 언어를 사용하는 이유로 '친구들에게 멋지게 보이려고'가 가장 높은 비율로 나타난 것도 언어가 또래집단의 결속력을 상징하는 수단이 되어 가고 있다는 것을 보여 준다고 할 수 있다.

결국, 논의란 탐구 결과가 왜 이렇게 나왔는지(이유), 그리고 선행 연구들과 자신의 연구는 어떤 식으로 연결되는지(관련성)를 학생이 자신의 생각을 기반으로 말하는 것이다. 논의는 학생의 관심이 얼마나 넓게 퍼져 있으며, 관련 지식을 얼마나 많이 지니고 있는지, 서로 떨어져 존재하는 내용을 연결할 수 있는 능력은 있는지를 평가할 수 있는 좋은 재료가 되기 때문에 대학 입학사정관이 "결과가 그렇게 나온 이유는 무엇이라고 생각하나요?"라고 직접 질문할 수도 있으니 대비해 두는 것이 좋다. ●

참고
문헌

탐구보고서를 쓰면서 탐구 필요성과 선행 연구에 문헌이나 자료에 나온 내용을 그대로 인용하거나 정리하여 소개한 것을 '인용 문헌'이라 부르고, 인용 문헌을 포함하여 탐구활동에 참고했던 문헌과 자료는 모두 '참고 문헌'이라고 한다. 목차에서 참고 문헌은 앞에 목차 번호는 붙이지 않는다. 여기에는 인용 문헌을 포함한 모든 참고 문헌을 넣으면 된다. 참고했던 동영상이나 인터넷 사이트 등이 많이 있는 경우에도 참고 문헌에 넣으면 되는데, 이럴 때는 목차 제목을 '참고 문헌 및 자료'라고 해도 된다.

인용 문헌과 참고 문헌을 쓰는 방법은 학과나 기관, 학술 단체 등에 따라 다양한 편인데, 여기에서는 학문적으로 가장 많이 활용되는 APA 양식(American Psychological Association Style)을 소개한다.

탐구보고서를 쓰면서 미리 연습해 두면 대학 진학 후 보고서나 논문 같은 학문적 글쓰기를 할 때 도움이 될 것이다.

우선 탐구보고서의 탐구 필요성이나 선행 연구에 문헌의 내용을 인용하는 인용 문헌 쓰는 방법부터 알아보고 나서 참고 문헌 쓰는 방법을 알아보자.

보고서 본문에서 인용 문헌을 밝히는 법

탐구보고서 본문을 쓰면서 인용한 내용이 있다면 반드시 이 부분은 어느 문헌과 자료에서 가져온 것인지를 밝혀야 하는데 '출처'라고 하기도 한다. 인용 문헌은 다른 문헌과 자료에 있는 내용을 그대로 따옴표로 옮겨 놓는 방법과 대략적 내용을 정리해서 서술하는 방법이 있다. 예를 들면 다음과 같다.

따옴표로 그대로 옮겨 인용하기

관련된 한 연구는 결론에서 "이산화탄소의 농도와 학습 집중력과는 부적 상관관계가 있으며, 이산화탄소 농도가 1% 증가할수록 학습 집중력은 1.5% 감소한다."고 말했다(박규상, 2023).

내용을 정리하여 인용하기

학습 집중력에 영향을 미치는 요인 연구 중 이산화탄소의 농도와 관련하여, 이산화탄소 농도가 1% 증가할수록 학습 집중력은 1.5% 감소한다는 연구 결과가 있다(박규상, 2023).

문장의 끝에 보면 괄호 안에 연구자의 이름과 문헌 발행 연도가 나오는데, 인용하는 경우는 이렇게 2가지를 밝혀 주면 된다. 하지만 연구자 이름과 발행 연도만으로는 읽는 사람이 어떤 문헌을 인용했는지 알 수 없으니 반드시 뒤에서 이야기할 참고 문헌에 문헌의 제목을 넣어 주어야 한다. 구체적으로는 다음과 같은 방법으로 구분해서 쓰면 된다.

1. 논문이나 책, 보고서의 전체 내용을 요약하여 인용하는 경우는 저자의 이름(외국인은 성)과 발행 연도만을 표기한다. 이때 마침표는 인용 문헌의 괄호 뒤에 찍는다.

…라는 결과가 나타났다(김호성, 유인관, 1992).

…또한, 이기적 행동이 나타난다고 보았다(Closs, 2004).

2. 논문이나 책, 보고서의 전체 내용이 아니라 부분의 내용을 요약하고

정리해서 인용했다면 저자와 발행 연도 뒤에 해당 부분의 쪽수를 써 주면 된다. 1쪽의 내용을 인용한다면 **p.**, 여러 쪽이라면 **pp.**라고 쓰면 된다.

…라는 결과가 나타났다(김호민, 2004, p.32).

…라고 주장했다(송호월, 2011, pp.25-27).

3. 본문의 문장 앞이나 중간에 저자의 이름이 들어간다면 이름을 쓰고 괄호 안에 발행 연도를 쓴다. 외국인이라면 이름은 성만 쓴다.

유승철(2010)은 청소년의 운동량과 학습 의욕의 관계가…

Klimoski와 Palmer(1993, pp.10-13)의 연구 결과…

이영숙과 김영미(1999)는…

Dalson과 White(2009, p.35)는…

4. 2개 이상의 인용 문헌을 밝힐 때는 세미콜론(;)으로 구분한다.

…라고 주장한 연구들이 있다(이영숙, 김영미, 1999, p.104; Dalson& White, 2009, p.35).

5. 셋 이상 여섯 명 미만의 저자가 있는 연구는 처음 인용할 때만 모든 연구자의 이름을 표시한다. 하지만 두 번째 인용부터는 첫 저자 이름만 쓰고 '등'을 붙인다.

김옥경, 한상현, 고동환(2005)의 연구 결과를 보면

　　→ 김옥경 등(2005)의 연구에서는…

Lader, Wilson, Nabitt과 Porter(1997, pp.12-14)는

　　→ Lader 등(1997)은

6. 저자가 기관 또는 단체라면 기관명을 저자 이름으로 생각하고 쓴다.

한국생산기술연구원(2011)의 연구에 의하면…

7. 두 편 이상의 연구를 인용해야 하는데 같은 저자라면 발행 연도만 쉼표로 나열하고, 다른 저자라면 가나다 순이나 알파벳 순으로 세미콜론(;)으로 나눈다. 같은 저자의 연구가 같은 연도에 나왔다면 순서대로 a, b, c를 붙인다.

선행 연구들(송승민, 권호철, 1992, 1999)에서…

여러 연구(김기태, 1998; 박태성, 2001; 이민영, 2001; Gibson, 1989)에서는…

목차 [참고 문헌]을 쓰는 방법

본문에 인용한 인용 문헌과 함께, 인용하지는 않았지만 참고했던 책, 보고서, 논문, 기사, 인터넷 사이트 등은 모두 탐구보고서 맨 끝의 '참고 문헌' 또는 '참고 문헌 및 자료'라는 목차에 담아 주어야 한다. 참고 문헌은 먼저 국내 문헌 다음에 해외 문헌 순서로 담으면 된다. 만일 여러 나라 연구를 참고했다면 한국, 중국, 일본 그리고 서양 문헌의 순으로 정리한다. 저자 이름은 저자 수와 관계없이 모두 기술해야 하고, 영문 이름이라면 성을 먼저 쓰고 이름은 첫 글자만 표기해도 된다. 만일 저자가 2명 이상인 경우 국내 문헌이라면 쉼표(,)로 모두 기술하고, 영문 문헌에서는 2명이면 '&'를 넣고 3명 이상이면 가장 마지막 저자 앞에 '&' 기호를 넣는다.

1. 단행본 서적

저자. (발행년). 서명. (판사항). 발행지: 발행사.

박규상. (2015). 발칙한 콘텐츠 인문학. 서울: 팜파스.

박규상, 우석진. (2015). 1% 비주얼씽킹. (1판). 서울: 샌들코어.

Kolb, L. C. (1985). Modern clinical psychiatry. New York: Macmillan Publishing Company.

2. 학위논문

저자. (수여년). 논문명(학위명). 수여 기관명, 소재지.

학위논문은 석사나 박사학위를 취득하기 위해 제출해서 심사를 통과한 논문으로 대략 50쪽 이상의 논문이다. 설문조사를 한 학위 논문이라면 뒤에 설문조사 설문지가 실려 있어 탐구활동에서 설문 문항을 만들 때 도움이 된다.

박규상. (1992). 물질주의와 사회적 책임감에 따른 소비 패턴에 대한 조사 연구(문학 석사). 고려대학교, 서울.

3. 학술지 논문

저자. (발행년). 논문명. 자료(저널)명, 권(호), 수록 면수.

학술지 논문은 학회 학술지 등에 기재된 논문으로, 50쪽 이상의 학위논문과 달리 10쪽 이내의 논문을 말한다. 국내 학술지라면 굵게, 영문이라면 이탤릭체로 기술하는 것만 주의하면 된다. 영문 논문에서 논문명에는 대문자가 첫 단어에만 들어가는데, 학술지명에는 각 명사마다 들어가는 점도 주의하자.

황윤한. (1995). 제6차 교육과정과 구성주의적 교육. **교육학 연구**. 33(1), 237-252.

Coleman, J. S. (1986). Social theory, social research, and a theory of action. *American Journal of Sociology*, 91(6), 1309-1335.

4. 번역서

원저자. (번역서 발행년). 번역서명(번역자). 발행지: 출판사. (원전 출판년도).

   Crane, W. C. (2005). 발달의 이론(송길연 역). 서울: 시그마프레스. (원전은 1963년에 출판).

5. 기사

기자 이름, "기사 제목", 신문사 이름, 기사 게시 일자, URL

   이영완, "그때 그 냄새… 추억은 향기로 뇌에 저장된다", 조선일보, 2009년 11월 17일, https://www.chosun.com/site/data/html_dir/2009/11/16/2009111602048.html

6. 참고 인터넷 사이트

인터넷 사이트의 이름과 URL 등을 써 주면 된다. 블로그나 유튜브라면 해당 글이나 영상의 제목을 써 준다.

   한국학술지인용색인, https://www.kci.go.kr/kciportal/main.kci

블로그의 저자명, 블로그에 게시된 글의 제목, 블로그명, 게시 일자, URL

유튜버 이름, 유튜브 영상 제목, 유튜브 채널 이름, 게시 일자, URL ●

부록

부록은 탐구활동에서 사용했던 설문지 또는 설문 문항을 담거나, 실험에서 사용한 광고나 이미지 등을 한꺼번에 담는 곳이다. 부록은 콜론을 넣고 부록의 이름을 넣으면 된다. 하나의 내용만 담을 때는 '부록: 수면 시간과 학습 집중력 조사를 위한 설문 문항'처럼 부록 뒤에 번호를 붙이지 않지만, 부록에 넣는 항목이 2개 이상이라면 '부록 1: 실험에 사용한 광고 시안' '부록 2: 광고 효과 조사를 위한 설문 문항'처럼 부록 뒤에 번호를 붙이면 된다.

부록은 탐구보고서 본문에는 넣지 않았지만 탐구활동 과정에서 사용했거나 참고한 것으로, 탐구보고서를 읽는 사람들에게 탐구활동을 쉽게 이해할 수 있도록 하는 것이 목적이므로 본문에서 자세히 탐구활동을 설명했다면 목차에서 제외해도 된다. 탐구 방법에 광고 시안을 넣었거나 실험에 사용한 이미지 등을 이미 본문에서 제시했다면 부록에는 담지 않는다.

설문조사를 했다면 설문 문항뿐만 아니라 설문조사를 위한 지시문도 함께 담아야 한다. 예를 들어, 〈플라시보 효과 실태와 인식 조사〉를 했다면 우선 플라시보 효과가 무엇인지 설문 문항이 제시되기 전에 알려 주고 어떤 경험을 했는지를 물어야 한다. 설문 문항 1번이 나오기 전에 제시되는 것을 '지시문' 또는 '설명문'이라고 하는데 부록에는 이것도 아래 예시와 같이 문항과 함께 실어 주어야 한다. ●

아래의 설명을 읽고 나서 설문에 응답해 주세요.

플라시보 효과(Placebo effect)는 실제로는 효과가 없는 가짜 약(위약)을 진짜 약으로 생각하고 섭취했을 때, 환자의 약에 대한 긍정적 믿음으로 인해 실제로 환자의 증상 또는 병세가 호전되는 현상을 말합니다. '할 수 있다 ' 또는 '될 수 있다'는 자기암시를 통해 긍정적인 효과가 나타나는 경우에도 사용되는 용어입니다.

1. 플라시보 효과라는 용어를 들어 본 적이 있나요?

①있다   ②없다

좋은 평가를
받기 위해
유의할 점

탐구활동을 하고 활동의 결과물인 탐구보고서를 작성하는 것은 앞으로 진학할 대학에서 공부하는 데 필요한 기초적인 과학적 사고법, 조사법, 표현법을 익히는 데 목적이 있다. 하지만 그보다 더 근본적인 목적은 자신이 원하는 대학과 학과에 진학하기 위해 입시 경쟁에서 우위를 확보할 수 있도록 좋은 평가를 받기 위한 것이다.

모든 학생이 원하는 대학에 진학하기 위해 노력하고 경쟁하는 상황에서는 아주 작은 차이가 큰 결과로 이어지기도 하는데, 탐구활동도 그중 하나이다. 아주 단순한 의문을 어떻게 발전시키느냐에 따라 격차가 크게 벌어지기 때문이다. 그러니 이왕 시간과 노력을 들여서 탐구활동을 하고 탐구보고서를 써서 높은 평가를 받으려면 어떻게 해야 할지를 염두에 두어야 한다.

그럼 어떤 마음가짐으로 탐구활동에 임해야 하는지, 탐구활동을 하면서 어떤 점을 점검해야 하는지, 탐구보고서를 쓰고 나서는 어떤 확인을 하는 것이 좋은지 함께 살펴보자.

자신의 탐구에
자신감 갖기

탐구 주제 멘토링을 하다 보면 자신감이 없는 학생들을 자주 만난다. 작은 목소리에 자신이 생각한 의문과 주제를 설득력 있게 말하지 못하다 보니 좋은 주제가 될 수도 있는데도 잘 전달되지 않는다. 본인이 생각한 의문과 주제에 자신이 없다 보니 생기는 문제이다. 탐구활동에 도움을 받기 위해 선생님과 대화를 나눌 때도 이렇게 자신감이 없으면 담당 선생님은 다른 주제를 생각해 보면 좋겠다고 말하게 된다. 학생이 확신이 없는 주제를 가지고 왔다고 생각하고, 이 상태에서 탐구활동이 시작되면 도중에 포기할 가능성이 있다고 판단하기 때문이다.

　탐구활동과 탐구보고서 쓰기는 모든 학생이 처음 접해 보는 어려운 일이다. 낯선 것이고 관련된 경험도 없다. 그래서 두렵기도 하다. 당연히 자신감이 없을 수밖에 없다. 하지만 어차피 해내야 하는 과제라면 자신의 능력을 믿고 도전해 봐야 한다.

자신감이 없는 이유는 의문과 주제를 떠올릴 때 충분한 생각과 공부를 하지 않았기 때문이다. 그냥 대충 혼자서, 선생님이 주제를 내라고 재촉하니 인터넷에서 잠깐 검색하고는 금방 만들어 낸 것이기 때문이다. 다른 친구들이나 팀원과 많이 대화하고 검토하지 않았기 때문이다. "이 주제, 어때?" "와, 그거 괜찮은데!" 하고는 이후 주제에 대해 찾아보고 공부하고 발전시키려는 노력이 없었기 때문이다.

높은 평가를 받는 탐구보고서를 쓰고 싶다면 다른 학생들이 자신 없어 할 때 자신의 주제를 믿고 자신 있게 탐구활동을 전개해야 한다. 그리고 탐구활동을 하는 중간중간 자신감을 가지고 탐구활동을 하고 있는지를 스스로 물어보자. '그렇다'고 대답하기 힘들다면 왜 그런지를 생각해 보고 부족한 부분을 채우려고 노력해 보자. 노력하다 보면 없던 자신감도 생길 것이다.

어느 학교에서 아톰이 최종 점검 멘토링을 할 때의 일이다. 화면에 70% 정도 완성된 탐구보고서를 띄워 놓고 함께 보려고 하는데 이렇게 말한다.

"강사님, 너무 창피해요. 아무리 생각해도 잘 쓴 것 같지가 않아요."

그런데 탐구보고서를 찬찬히 살펴보니 정말 잘 쓴, 그래서 좋은 평가를 받기에 충분한 결과물이었다. 그래서 왜 잘 쓴 것 같지 않다고 생각했는지 이유를 물었다.

"사실 강사님과 주제 확정 멘토링할 때도 저는 자신이 없었거든요. 이게 좋은 주제인지, 실험을 해야 하는데 잘할 수 있을지 자신이 없었어요. 그래서 탐구활동을 하는 동안 불안했어요."

그러다 보니 최종 점검을 하려고 얼굴을 마주했을 때 목소리도 작고 멋쩍은 웃음을 지은 것이다. 이 학생만이 아니라 최종 점검 때는 많은 학생이 이런 모습을 보인다.

학생들이 탐구보고서를 끝낼 무렵에 이렇게 뭔가 부족한 느낌을 갖게 되는 건 지극히 자연스러운 일이고, 생각해 보면 좋은 일이기도 하다. 처음 탐구활동을 시작했을 때는 탐구보고서가 뭔지, 과학적 방법론이 뭔지, 과학적 글쓰기가 뭔지 몰랐지만, 이제 탐구보고서 작성이 끝나가면서 많은 것을 배우고 알게 되었기 때문에 자신의 부족함도 느끼게 된 것이다. 몰랐던 걸 알게 되었을 때, 잘못된 것을 지적받을 때 부끄러움과 창피함을 느끼는 것과도 같다. 그래서 자신감이 떨어지는 모습을 보인다.

하지만 부끄러움은 학생이 스스로 많이 성장했다는 증거이기도 하다. 탐구활동을 하고 탐구보고서를 작성하는 동안 학생은 많은 것을 알게 되고 한 뼘 더 성장한다. 그래서 얼마 전에 만들었던 주제도, 지난 탐구활동도 부끄럽다고 느끼게 된 것이다.

몇 년이 지나 대학생이 되어 지금의 탐구보고서를 다시 꺼내 읽어 보면 새삼스레 '와, 내가 어떻게 이런 탐구보고서를 썼지.'라고 입가에 미소가 떠오를 것이다. 그러니 노력해서 힘들게 탐구보고서를 완성했다면 자신에게 '너무 대견하다. 장하다. 넌 멋져!'라는 칭찬을 해 주자. 그래야 대입 면접에서 질문을 받았을 때도 자랑스럽게 자신감을 가지고 탐구보고서를 이야기할 수 있다. ●

나의 탐구활동은
정말 훌륭하다고!

탐구활동에 자신감을!

그러기 위해서는 적절하고 명확한 주제를 선정하고
빈틈없는 조사를 하도록 노력해야 한다.
자신감이 없으면 중도에 포기하기 십상이다.
자신감이 있어야 대입 면접에서도 좋은 평가를
받을 수 있다.

사전에 많은 문헌과 자료 찾아보기 금지!

옛말에 '독서백편의자현(讀書百遍義自見)'이라는 말이 있다. 책을 백 번 읽으면 그 뜻이 저절로 드러나게 된다는 말인데, 그만큼 공부를 열심히 하라는 뜻이다. 그런데 이 옛말을 그대로 실천하려는 학생을 간혹 만나곤 한다.

의문과 주제를 생각해 보라고 했더니 한 학생이 10권이 넘는 책을 들고 와서는 자랑스러운 얼굴로 말한다.

"그동안 이 책들을 보면서 어떤 것을 주제로 삼을까 고민을 해봤어요. 책에 나온 개념 중에 이런 게 재미있을 것 같아서요."

그래서 아톰이 왜 이 개념을 주제로 삼으려 했는지 물어봤다.

"처음 보는 개념이고, 다른 아이들은 이런 걸 주제로 하지는 않을 것 같아서요."

"그럼 학생은 그 개념에 대해서 잘 알고 있고, 평소에도 궁금했었나요?"

"아니요. 그냥 새로운 거니까 괜찮을 것 같아서요."

의문과 주제를 생각해 보라고 하면 책이나 논문을 잔뜩 읽거나, 인터넷을 마구마구 검색하는 학생들이 많다. 이렇게 하다 보면 뭔가 새로운 것이 걸릴 거라 생각하는 모양이다. 하지만 이런 의문과 주제가 탐구보고서에 적절할 리 없다. 그냥 새롭고 어려운 용어를 하나 발굴해서 기쁘거나, 사회적 이슈와 관련해서 대단한 지식을 얻게 된 뿌듯함을 가지고 어떡하든 주제로 연결하려 할 뿐이다.

교과 공부하기에도 바쁜 시간에 탐구활동 주제를 찾기 위해 많은 책과 자료를 검색하고 읽어 보는 것은 효율적인 방법이 아니다. 그렇게 한다고 해서 정말 좋은 의문과 주제가 떠오르지도 않는다. 결국은 시간과 노력을 허비할 가능성이 크다.

책과 자료는 의문과 주제를 만들기 위해서가 아니라 주제를 다듬는 과정에서 필요하다. 그렇다고 주제를 다듬기 위해서 많은 양의 책과 자료를 참고할 필요는 없다. 우리가 최종적으로 쓰려는 것은 탐구보고서이지 학위논문이 아니기 때문이다. 탐구보고서는 학문적 성과를 보여 주는 것이 아니라 새싹 과학자의 자질을 보여 주는 것이 목적이다.

그러니 주제를 충분히 다듬어서 확정하면 필요한 문헌과 자료를 적당한 양만큼만 찾아보고 읽어 보도록 하자. 논문 2~3개, 보고서 1~2개 정도로도 충분하니 욕심내지 말고. ●

주제 선정 후 본격 공부!

주제를 찾으려고 책을 읽고
정보를 검색하는 데에 너무 많은 시간과
노력을 허비해선 안 된다.
본격적인 공부는 주제를 잡은 후에
어떤 문헌과 자료가 필요한지 판단할 때
충분한 시간을 가지고 읽어 보자.

조사 가능한지
체크하기

지방의 한 고등학교, 생명공학과에 진학하고 싶은 학생이 항균 실험을 해야 하는 주제를 가지고 아톰 앞에 앉았다. 탐구 주제 멘토링을 하다 보니 모든 항균 실험에 세균배양기가 필요한 것은 아니지만, 이 학생의 주제는 세균배양기가 필요해서 학교에 있는지 물어보았다. 학생은 주제를 생각하는 데 급급해서 실험 도구가 있는지는 확인하지 않았다고 했다.

"이 실험은 세균배양기가 필요한데 혹시 학교에 없으면 실험을 진행할 수 없지 않나요?"

아톰이 묻자 본인도 이제야 깨달았다는 듯 허탈하게 웃었다.

"그럼 혹시 담당 선생님께 말씀드려서 이번 기회에 학교에 세균배양기를 구입해 두는 것은 어떨지 상담해 보세요."

주제 맞춤 탐구보고서 쓰기

그다음 주 2차 멘토링을 하러 프로그램 운영 담당 선생님을 만났더니 선생님이 놀라운 이야기를 전해 주었다.

"학생이 탐구활동에서 많이들 하는 실험을 검색해 보고는 필요할 것 같은 실험 도구 목록을 정리해서 보여 주었어요. 어떤 실험에 필요한지는 물론이고, 인터넷을 검색해서 판매하는 곳과 가격까지 자세히 써서요. 너무 기특해서 교장선생님께 말씀드렸더니 우선 당장 필요한 것부터 구입하면 어떠냐고 하셔서 일단 세균배양기를 구입하기로 했어요."

실험조사는 어떤 실험 기기, 장비, 도구를 가지고 있는가에 따라 주제도 달라지고 실험의 질도 차이가 난다. 그래서 의문을 주제를 다듬는 단계라면 빨리 학교에 관련된 실험을 할 수 있는 실험 기기와 도구가 있는지 확인해야 한다. 생물이나 화학 교과 선생님에게 물어보면 학교에 어떤 것이 있는지 알 수 있으니 보유한 것으로 자신의 탐구활동이 가능한지 점검해 봐야 한다. 그렇지 않다면 위 사례처럼 학교에 구입 신청을 하거나, 개인이나 팀이 구입할 만한 가격이라면 구입하는 방법도 검토해야 한다.

설문조사인 경우는 설문 응답자를 모집할 수 있는지 빨리 판단해야 한다. 장애인이나 고령자를 대상으로 하는 〈지역 공공교통 이용의 장애인 사용과 불편의 실태와 인식 조사〉나 〈고령자의 병원비 지출과 만성질환 인식과의 상관관계 조사〉 탐구활동을 하려는 학생이 있었다.

하지만 설문조사에 참여해 줄 장애인과 고령자를 모집하는 데 애를 먹고 도중에 포기할 뻔했다. 간신히 지역의 장애인복지회관을 방문해서 관계자에게 탐구활동의 취지를 설명하고 소개받은 장애인들에게 응답 참여를 부탁해서 12명 정도에게 설문조사를 실시했지만 당초 예상했던 인원과는 큰 차이가 있었다. 고령자의 경우도 처음에는 할머니가 다니시는 경로당 분들을 대상으로 하면 쉽게 설문조사가 가능하겠다고 생각해서 주제를 잡았는데, 막상 부탁을 드리러 갔더니 모두들 싫다고 거절하셔서 애를 먹었다고 한다.

탐구활동에서는 일반적으로 학교 친구들을 대상으로 응답자를 모집하기 때문에 큰 문제가 없지만 이렇게 외부에서, 게다가 특정 연령이나 특정 계층의 사람들을 모아야 하는 경우에는 어려움을 겪을 수밖에 없다. 일반 성인을 대상으로 설문조사를 하겠다고 자신만만하게 시작한 학생들은 실제로 설문조사 단계에서는 응답자를 구하지 못해서 결국은 학생들을 대상으로 하는 설문조사로 바꾸기도 한다.

학생 이외의 응답자로는 부모 세대 응답자가 모집에는 어려움이 없다. 친구들에게 부탁할 때 부모님에게도 구글폼 설문을 해 달라고 하고, 학생과 부모가 함께 별도의 구글폼 링크에 접속해서 설문에 응답하면 되니 의외로 문제없이 조사를 진행할 수 있다.

관찰, 사례, 설문조사나 내용분석을 하기 전에 대상이 되는 사례, 문헌, 콘텐츠, 응답자, 피험자 확보에 문제가 없는지 확인해야 한다. 한국 고등학교 국어 교과서와 일본 고등학교 국어 교과서를 비교하는 조사라면 당연히 일본 국어 교과서를 확보해야 가능한 일이고, 시대별 멜로드라마의 플롯을 분석하기 위해서는 시대별로 인기가 있었던 드라마를 봐야 하니 드라마 시청이 가능한 방법을 알아 두어야 한다. ●

과대망상에
빠지지 말기

강의와 멘토링에서 아톰이 가장 많이 강조하는 점은 바로 과대망상에 빠지지 말고 주제를 잡고 조사를 진행하라는 조언이다. 다시 한번 복습해 보자. 의문은 일상의 작은 의문이 가장 좋다. 학교 수업 내용도 상관없고, 가족과 지내는 일상생활에서 발견한 것도 상관없고, 길을 걷다 문득 드는 의문이어도 충분하다. 이 의문을 다듬어서 주제를 만든다.

모두가 세상을 구하는 슈퍼히어로가 되고 싶어 하지만, 우리는 슈퍼히어로가 아니다. 우리는 자신의 위치에서 자신의 할 일을 하는 그저 작은 히어로가 되면 된다. 나는 내가 풀어야 할 크기의 문제를 풀고, 옆의 친구는 친구가 풀어야 하는 크기의 문제를 풀다 보면 세상의 문제는 조금씩 풀려나갈 것이다. 작지만 모이면 큰 힘이 되는 문제 풀이, 그것이 과학이 진리를 찾아가는 방식이다. 슈퍼히어로로는 사회적 이슈를 풀어내어 스포트라이트를 받지만, 슈퍼히어로가 아닌 우리는 묵묵히 우리의 이슈를 풀어내면 된다.

장애인 같은 사회적 약자에 대한 사회적 이슈에 관심이 있다고 해도 장애인에게 직접 인문사회과학 실험을 하거나 설문조사를 하는 것이 현실적으로 어렵다면, 청소년을 대상으로 장애인과 관련된 설문조사를 하는 식으로 나와 관련된 문제를 풀어 보자.

저출생 문제의 직접적인 원인을 찾고 문제를 풀려고 하지 말고, 나를 비롯한 청소년은 이 문제와 어떤 관련이 있고, 어떤 생각을 하고 있는지 먼저 살펴보자.

환경문제에 관심이 있다고 국내 환경오염 문제를 통째로 다루는 것은 말이 안 되니, 혹시 학교 쓰레기통 위에 '감시의 눈'을 붙일 때 이미지를 사진으로 할지 픽토그램으로 할지, 아니면 그냥 이미지 없이 말로만 '분리수거를 실천합시다!'라고 하는 게 분리수거에 효과적인지를 실험해 보자.

'나는 잘할 수 있고, 잘하고 있다'는 자신감을 가질 필요는 있지만, 자기 능력의 한계를 인식할 때 자신감은 현실적으로 도움이 된다. ●

과대망상은 금물!

슈퍼히어로가 되려고 탐구활동을 해선 안 된다.
일상의 작은 의문을 풀어내고
문제를 해결한다면
우리는 모두가 히어로가 될 수 있다.
사회적 이슈를 다룰 때에도 고등학생인 나와
관련 있는 주제로 접근하도록 하자.

주제 맞춤 탐구보고서 쓰기

두 번세 번
검토하고 수정하기

요즘은 학생들의 탐구보고서를 책자로 만들어 참여했던 학생들에게 나눠 주면서 도서관에도 비치하는 학교가 늘고 있다. 이렇게 해 두면 후배들이 참고할 수 있고, 선생님들도 지도에 도움을 받을 수 있으며, 참여했던 학생은 자신의 탐구활동 결과물이 담긴 책자를 받아 보면서 뿌듯함을 느낄 수 있으니 1석 3조의 효과가 있다. 그래서 아톰은 운영 담당 선생님에게 책자화 작업을 하도록 적극적으로 이야기하곤 한다.

탐구보고서 본문은 대학 입시에서 평가 대상은 아니다. 평가는 생기부에 적힌 탐구활동 제목과 3~4줄의 탐구 배경, 목적, 결과, 의의를 담은 내용이다. 이 내용을 보고 대입 면접에서 교수가 질문하기도 하지만 그 자리에서 탐구보고서 본문을 보여 주는 건 아니다. 그래서 아무리 과학적 표현법에 맞춰서 작성하는 것이 좋다고 해도 꼭 지킬 필요가 없다고 생각하는 학생들이 있다.

조사 결과가 나오면 대충 그래프를 담아 넣고, 대충 마무리한 다음, 대충 제출하는 학생들의 마음은 이해가 된다. 생기부에 들어가는 조건은 충족시켰고, 공부하느라 시간도 없는데 이걸 굳이 시간을 들여 검토하고 완성도를 높일 필요가 있을까 생각할 것이다. 우리나라의 치열한 입시 경쟁을 생각하면 일리가 있는, 시간을 아끼면서 효율을 높이는 전략이기도 하다. 하지만 이렇게 어설프게 마무리를 지으면 탐구활동을 통해 많은 것을 배울 수 있는 기회를 놓치게 된다.

과학적 사고법, 조사법, 표현법은 사실 한 몸과 같다. 아무리 잘 생각했다 한들 그것을 마지막에 잘 표현하지 못하면 읽는 이에게 정확히 전달할 수 없다. 하물며 표나 그림의 제목도 넣지 않고, 그래프에 설명도 달지 않고, 결과를 카테고리로 나누지 않고 그냥 그래프만 쭉쭉 가져다 붙이고, 선행 연구도 넣지 않고, 탐구 배경과 필요성은 3~4줄로, 결론 및 논의는 5줄 정도로 성의 없이 쓴 다음 '완성했으니 제출해야지'라며 완성한 탐구보고서라면 어떨까? 이 학생은 대학에 진학해서 과제 리포트를 제출하고 논문을 쓸 때 자신이 과학적 글쓰기를 경험했으니 잘할 수 있다고 자신할 수 있을까?

일단 대충 쓰는 탐구보고서가 아니라 열심히 쓰는 탐구보고서가 되어야 한다. 열심히 쓰면 굳이 외우려 하지 않아도 머릿속에 탐구활동이 명확히 자리 잡을 것이고, 나중에 면접에서 질문이 나와도 자신의 탐구활동을 잘 이해하고 있으니 대답에 주저하지 않을 것이다.

목차에 맞춰서 탐구보고서를 완성했다면 검토도 없이 그냥 제출하지 말고 오탈자나 잘못된 맞춤법이 있는지 점검해 보자. 아톰이 최종 점검 멘토링 때 학생들의 탐구보고서를 읽어 보면 맞춤법이 엉망이고 오탈자투성이인 탐구보고서도 자주 만난다. 이러면 아무리 탐구활동을 잘 해낸 학생이라고 해도 내용을 의심하게 된다. '국어도 제대로 할 줄 모르는 학생이 뭘 제대로 했겠어.'라는 생각 때문이다. 어떤 학생은 참고 문헌을 하나도 넣지 않은 경우도 있다. 나중에 "어떤 문헌이나 자료를 참고했나요? 대표적인 것 하나만 말해 보세요."란 질문이 나올 수도 있는데 말이다.

그러니 꼼꼼하게 오탈자, 맞춤법, 목차, 참고 문헌, 표와 그래프의 제목 등에 오류가 있는지 점검하자. 한 번으로 그치지 말고 두 번 정도는 처음부터 끝까지 찬찬히 읽어 보면서 점검해야 한다. 아마 해 보면 '왜 볼 때마다 잘못된 부분이 나오지?'라면서 고개를 갸

우뚝하게 될 것이다.

검토할 때 2가지 팁이 있다. 하나는 검토는 약간의 시간 간격을 두고 하는 것이 좋다. 첫 검토가 끝나고 곧바로 두 번째 검토에 들어가면 지겹기도 하고, 이미 내용을 거의 외우다시피 한 상태라서 잘못된 부분을 그냥 통과해 버리기 쉽다. 그래서 하루 정도 있다가 다시 한 번 검토하면 보이지 않던 잘못이 눈에 들어온다.

또 하나의 팁은 다른 사람에게 검토를 부탁하는 것이다. 팀으로 탐구활동을 했다면 서로 바꿔 가면서 검토할 수 있어 유리하다. 혼자서 탐구보고서를 썼다면 친구나 가족에게 검토해 달라고 부탁하자. 부탁할 때는 탐구보고서 작성 양식을 알려 주고 이 양식에 맞춰서 잘못이 없는지 검토해 달라고 해야 한다. 그렇지 않으면 오탈자와 맞춤법 정도만 검토해 주고 끝나고 만다. ●

점검 또 점검
그리고 다시 한 번

점검 또 점검 또또 점검!

조사하는 중간중간에 반드시 점검을 하자.
탐구계획서와 탐구보고서도 작성한 후
오류가 있는 부분이나 오탈자, 맞춤법 등을 꼼꼼하게
점검 또 점검하자.
누군가에게 검토를 부탁한다면 더욱 완성도가 높아진다.

주제 맞춤 탐구보고서 쓰기